R E B I R T H

再誕生ヒーリング

再誕生ヒーラー
ヒロコ・ヒバード
HIROKO HIBBARD

H E A L I N G

再誕生ヒーリング

光り輝く魂の本質へと目覚めさせる
未来から届けられた「風の時代」を歩むための
『光の書』
〜入門編〜

By　再誕生ヒーラー　ヒロコ·ヒバード

プロローグ

ご縁によりこの本を手に取ったあなたは、光り輝く人生の宝くじ当選者です。

おめでとうございます。

この本は宇宙から届けられた『光の書』の入門書です。

あなたのハートに隠れていたダイアモンドの原石を見つけ出し、人生をリニューアルして、光り輝く本来のあなたへと再誕生したいという願望のある、とっても貴重な魂のために出産・出版されました。

パンデミックという前代未聞の激動の人生を歩んでいる私たちにとって、今までの生き方が劇的に一変させられました。今生で、まさかこのような体験をすることになるとは想像もしなかったでしょう。

好ましい変化もあれば、嫌だけれどせざるを得ない変化も体験しましたね。でも、どうせ変化をするのであれば、宇宙の計らいに伴った波に乗って変化したくないですか？

実は、私は二度も臨死体験をしております。

それらの体験により2012年以降、新しい時代の幕開けのことを、宇宙のメッセンジャーにより告げられていたのです。

ただ、私はそれらの情報を封印しておりました。その理由は、あまりにも衝撃的で、ぶっ飛んでいて、このことを伝えても誰も信じてくれないだろうと思っていたからです。

この情報を提供することを拒んでいた私の元に、宇宙はギフトを目で見える形で届けてくれました。

物質化現象とも呼んでいるのですが、自宅の洗濯機から十字架が現れ、その3ヶ月後には『16の菊の御紋』が刻まれている日本製のプラチナの指輪が突如、私の元に現れたのです。おまけに、題名も著者の名前も書かれていないエジプトの密教と思われる書物まで届きました。ここには再誕生に関する秘密が書かれていたのです（詳細と写真はエピローグ参照）。

これらが届けられてから、私は自分の意思とは関係なく、宇宙から導かれ、動かされるようになったのです。そして、日本をはじめアメリカ、そしてギリシャ、イギリス、スペイン、エジプトなどの世界各地の聖地を渡り、令和の時代、「風の時代」、

パンデミック以降の新時代をいかに楽に歩むかの『鍵』と『光のコード＝暗号』を受け取っておりました。

それらが長い年月を経て、「風の時代」を迎え、やっと活用される時がやってきたのです。

これらの『鍵』と『光のコード』は、あなたが無事に本来の本質へと目覚め、再誕生し、光り輝く人生を歩んでいくための扉を開けてくれます。それは、未来から届けられた秘密の鍵であり、暗号です。

今まで、ヒーリング、スピリチュアル、エネルギーワークを受けたことのない方でも、わかりやすくこれからの歩み方を理解することができます。

また、今までいくつものカウンセリング、セラピー、スピリチュアル・ヒーリング、エネルギーワークを受けても人生が変わらなかった方、そして、自分も将来、ヒーリングに携わる仕事がしたい！　という願望のある方に、『再誕生』が起こる時の目覚めの準備と、光り輝く本来のあなたへ再誕生するための情報をお届けいたします。

それだけでなく、日本で生まれ育ったものの、アメリカ在住

歴30年の私は、日本とアメリカという両極端の文化に触れております。海外から見る日本には、あなたが気づかなかった多くの「誇り」が存在します。この本を読み終わった時には、日本人として、この時代に転生してきたことがいかにすごいことかがおわかりになるでしょう。

この再誕生ヒーリングとは、ダイアモンドの原石を見い出して、その原石を磨き、光り輝くダイアモンドとして再誕生していくためのワークです。

この本で紹介したいことは、陰陽統合、西洋・東洋の和合により再誕生していく新しい世界。今までの二元性、つまり、どれが良いか悪いかの判断で決められた恐怖に基づく生き方から、これらの二元性の観点を超越し、愛と光に満ち溢れた『LIGHT WAY』＝光と共に歩む生き方。これが学べるこの本は、宇宙からの『光の書』です。

再誕生していくことで、あなたの波動も上がり、なぜこのタイミングを選んでこの地球に転生してきたかの意味を思い出すことでしょう。

それでは、さっそく再誕生への道のりの第一歩の扉を開けましょう！

愛と光を込めて
再誕生ヒーラー　ヒロコ・ヒバード

再誕生ヒーリング◉もくじ

新しい「風の時代」の幕開け

再誕生ヒーリング

再誕生ヒーリングの過程

新しい「風の時代」の幕開け

✦新しい時代の幕開け

2019年に日本は、新しい元号である『令和』という新時代の幕を開けました。

『令和』の『れい』とは、別の漢字で表現すると『零＝ゼロ』でリセットを表します。

2020年12月以降には、「風の時代」と呼ばれる新時代を迎えることとなりました。

今までの「土の時代」と呼ばれた時代では、地に足をしっかりとつけ、安定させ、物質が重視されていました。つまり、学歴とか、肩書きのステータスとか、家を持っているとかいないとか、目に見える物がとても重要でした。

では、これからの新時代はどのような時代となるのでしょう？

それは、もう一つの『令和』の『れい』である『霊』の時代。

今までの時代とは全く異なり、目には見えないエネルギー、そして私たちの肉体を超越したスピリット：霊的な体が重視されるスピリチュアリティに目覚め始めています。

このような移行期には、様々な天変地異が体験されることとなります。いきなり、「土の時代」から「風の時代」へと一気に切り替えられるのではなく、自然災害やパンデミックによって、徐々に世界、環境、生活様式が変わっていくのです。

この変化は私たち人間の目覚めと進化のみにとどまらず、地球も同時進行で目覚め、進化をとげております。実は、この激動の波とは、出産の前に起こる『陣痛の波』とも表現できます。

つまり、今までの生き方が崩壊していきながら、新時代に復興・再誕生しているのです。

この変化は、蝶々の一生で例えることができます。

「土の時代」は「芋虫」の時代。それが、時期がくると「蝶々」へと形を変えて再誕生する前に、「さなぎ」の時代を体験します。これが、パンデミックで自粛生活を強いられた私たちの姿でもあるのです。

芋虫がさなぎの中に入っている時って、今の時代を反映するかのように、中はとってもグチャグチャしているのです。どちらが良いのか悪いのかわからない。どちらに進んでいったら良いのかわからなく、困惑と混乱をもたらします。何事もはっきりせずに曖昧な時代です。

ただ、「さなぎの中での眠り」の時代を経て、出産の合図が世界各地でも起こりました。

それが、自然災害であり、パンデミックによりもたらされたのです。

地球も目覚めて、あくびと背伸びをすることで、各地で自然災害が生じました。

これにより、地球上の全てが「破壊と崩壊」を体験することとなります。

これは、お産で言うならいわゆる「破水」状態。いよいよ、新たに生まれ変わる時がやってきたという合図です。

だからこそ、これまで人生が変わらなかったと感じていたあなたでも、目覚めて覚醒が起こる時代に入っていけるのです。

もしも今、あなたが、

「変わりたいのに変われない〜」
「どんなに頑張っても同じ罠から抜け出せない〜」
と思っているのなら、今が再誕生できるチャンスです！

なぜなら、この本を最後まで読み進めることによって

＊恐怖から解放され、もっと楽に生きたい！
＊できることなら、人生をやり直したい！
＊光り輝く人生を送りたい！

という願いを叶えるための『再誕生の時代の波』に乗る方法がわかるからです。

そして、今までよりも比較的早く、楽に生まれ変わるためには、助産師が必要です。実際のお産もそうですが、一人で出産することは心細く、不安で、怖いですよね。でも、助産師と一緒に行えば安心です。

これからの新しい時代には、スピリチュアル・ドゥーラを必要とします。ドゥーラとは英語で助産師のこと。

再誕生の助産師役を務める私と、この絶妙な新時代の幕開けのタイミングとチャンスを逃さずに、再誕生していきましょう。

✦ミッドライフ・クライシス？

ミッドライフ・クライシスという言葉を聞いたことはありますか？

英語には、ミッドライフ・クライシス（中高年危機）という言葉が存在します。大体、30代後半から体験するのですが、どんどん歳を重ねていくことで、歳をとり始めている自分が嫌になってくるのです。そんな時は、職を変えたり、引っ越ししたり、また、若返りたい、ウキウキしたい、また恋をしたい……という願望が芽生えることで、実際に若い子に恋をして、人生の伴侶を変えてしまう人たちもいます。

これは、自分の人生を再度見つめ直し、改善できる時期とも言えるのですが、私たち地球人は年齢に関係なく、皆、ミッドライフの危機を迎えています。強制的に今までの人生を振り返り、改善できることは改善し、今までの当たり前をこれからの時代の波に乗れるようにアップグレードしていけるのです。

ミッドライフ・クライシス（危機）とは、再度自分の人生を見つめ直して、新たな自分へと再誕生しようという合図でもあるのです。ただ、時には変化の際に感情の痛みや暗闇などの苦痛を伴います。

ですから、私はこのタイミングをミッドライフ・クライシス（危機）ではなく、**ミッドライフ・リニューアル**と呼んでおります。

再誕生ヒーリングでは、どんなことでも比較的「楽」に人生のリニューアルを行うことが可能です。

クライシス（危機）に対応することは、恐怖と共に行動する「苦行」となってしまいます。
「土の時代」には必要であった苦行も、「風の時代」では『楽行』でトランスフォーメーション（変換）していくことが可能です。

あなたは『苦行』と『楽行』のどちらの方法でこれからの人生をリニューアルしたいですか？
もちろん、楽行ですよね。

では、ミッドライフ・クライシスの際、つまり、「風の時代」の人生のリニューアルの際にはどのような体験をするのかを見ていきましょう。

✦再誕生の合図

あなたも、最近こんな体験をしていませんか？

再誕生の前には、誰にでもこのような暗闇を体験することになるので、チェックしてみましょう。

＊理由もなく悲しく涙が止まらず、不安の波が押し寄せる
＊鬱に陥って何も感じない
＊やる気、情熱も失い、どうでもいいやと投げやりな気持ちになる
＊何をしても満足できない
＊躁と鬱を頻繁に繰り返す
＊無性に自分が嫌になる
＊すぐにカッとしてブチ切れる
＊今まではコントロールできていた感情がコントロールできなくなる
＊フラッシュバックやトラウマが蘇ってきて怖い
＊自分を失ってしまう感覚、クレイジーになってしまうような感覚に陥る
＊ここにいたくない
＊ここにいても意味がないと思ってしまう
＊自分の居場所がない
＊何もかも捨てて逃げ出したくなる

＊誰も自分のことをわかってくれない、と感じる
＊自殺願望がある……などなど。

これらは全て**「再誕生の合図」**です。

この合図を無視したり、隠したり、気を紛らわしたり、拒絶したり、逃げたりする結果、どのようになると思いますか？

「土の時代」では、なんとか我慢すれば乗りきることができましたが、「風の時代」では、これらはもう隠すことができないのです。

日本語では、「臭い物に蓋をする」って表現がありますが、この蓋がぶっ飛んでしまったのです。つまり、臭い物には蓋をしていたのに、この蓋が飛んでいったことで、隠しておくことができなくなってしまいました。

隠そうとすればするほど、圧力を感じ、その圧力で感情が爆発してしまいます。

今までも水面下で絶対にあったと想定される芸能人の不倫問題や、薬物問題が頻繁に明るみに出てきているのもこれが理由です。そして、世界中で『ME TOO（＝私も被害者でした）』

運動が流行っているのも、これが理由です。

何十年も前に起こった出来事やトラウマが、この理由でフラッシュバックして、もう隠しておくことができなくなり、表明せざるを得ない事態を引き起こします。被害者と加害者の立場が逆転することで、お互いが未解決の課題を清算することもあるのです。

でも、これは再誕生するためにはとても重要な意味を持つのです。

再誕生して光り輝く人生を歩むためには、波動を高めるために今までの未解決な課題を清算しておく必要があるのです。

ただ、未解決の課題なんて、誰もほじくり返したくありませんよね。

再誕生ヒーリングでの朗報は、意図的に過去を掘り下げる必要は全くありません。準備が整った時点で再誕生の合図を送ってくれるので、その際に対応することができればいいのです！

ただ一つ。見逃してほしくないものがあります。

今まで臭いと思っていた物の中に、あなたが知らなかった「宝物」であるギフトが入っているのです。

ある年、来日時の電車の中で、ふと「この世には『未解決』という地獄がある……」という文句が目に飛び込んできました。

何年も前にテレビで放映されていた「絶対零度」のドラマの宣伝文句です。再誕生した私にとって、これは真実です。未解決の課題があるからこそ、スッキリしない、解放されていない、幸せでない状態を生み出してしまうのです。

再誕生ヒーリングとは、ある意味、**宝探し**のようなもの。未解決の課題が自然に楽に解決されていくことで、宝を受け取れる。そう考えるとワクワクしませんか？

おまけのメッセージ

白米と玄米から学ぶ再誕生ヒーリング

あなたは今の人生に満足していますか？
あなたの人生の満足度はどれくらいですか？

びっくりされるかもしれませんが、この「風の時代」は、何をしても満足できないように仕組まれているのです。仕組まれているというと、なんだかコントロールされているようですが、それは実は宇宙からのギフトでもあるのです。

ここで、その仕組みをお米で説明いたします。日本人でしたら、多くの方が大好きな白米です。

もしもあなたに選択権があるとしたら、白米と玄米のどちらを選びますか？
どこに軸を置くかにより、選択が異なるでしょうが、健康志向の方でしたら、玄米。味に焦点を置くと、多くの方々が白米を選ぶのではないでしょうか？

そこで、今まで「土の時代」を歩んできた私たちを、白米と表現することにします。白米はどんな食事にも合いますよね。日

本食はもちろん、中華でも。どんぶり、あんかけ、お寿司、おにぎり、などなど、なんでも相性がいいのです。ただ、逆に、白米だけをなんのおかずも無しにいただくことはほとんどありません。それだけですと味気ないのです。だから、白米は常にメインのおかずをプラスしていただくことで、完璧となるのです。

私たちがこの白米だとすると、白米だけでは物足りないのです。常に何かと誰かとくっついていて、初めて安心できるのです。今までは白米のように、何かに、または誰かに依存していることが当たり前でした。それが、よく耳にする『他人軸』の生き方。

でも「風の時代」では、自分が一体何を求めているのか、何をしたいのか、個としての意見が求められるようになっております。つまり、これが『自分軸』へと移行していく生き方です。

ここで今までのように、白米のままの状態で『自分軸』に移行して生きようとすると、困惑したり、不安になったり、怖くなったりします。実際の距離は離れていないのに、家族も友人もなんだか少し遠くに離れているような、不思議な感覚に陥ることとなるのです。

そして、今までのような依存ができなくなることで、新しい依存を求め始めます。「風の時代」に突入してから、人生のリニューアルとして、今までのパートナーと離れる決断をしたり、仕事を辞めたり、新しい事業を始めたり、引っ越しをしたくなるのです。つまり、時代の移行に伴い、自分のエネルギーも変えようとするのです。

ただここで、何をしても、どこにいても、なんだかしっくりこない感覚に陥ります。家にいるのに、好きな仕事についたのに、好きなパートナーと一緒にいるはずなのに、ホームシックに陥る状況です。

これを私は「かぐや姫症候群」と呼んでいます。つまり「風の時代」では、白米として生き続けることは難しくなるのです。かぐや姫が月に帰りたいとホームシックにかかり、涙を流したように、あなたの内面で何かが動き始めるのです。

こんな時の対処法は？

あなたもこのような「かぐや姫症候群」に陥ったら、ぜひ、このことを思い出してください。それは、あなたが実は白米ではなく、もともとは玄米であったことを。

玄米こそが本来のお米の姿。玄米が完璧な姿だったのです。

ただ、見た目もキラキラし、味も美味しいからと、あえて玄米を精米して提供することが主流となったのです。取り除かれた糠には、タンパク質、ビタミンＢ１、脂肪を含み、栄養価も抜群で、玄米は全てを包括している完璧な姿。

だから、白米となってしまった私たちは、目に見える周りの何に依存しようが、完全・完璧に満足することはないのです。本当の満足を体験したかったら、この機会に玄米であることを思い出し、脱穀した糠を取り戻すワークをすることが最適です。

再誕生ヒーリングは、この糠を取り戻し、本来の玄米の姿に戻るワークでもあるのです。
それができて初めて、ここに存在することに満足できるあなたに再誕生していけるでしょう。

玄米に戻るために再誕生ワークをすることで、人生の達人、再誕生の達人、つまり、**玄人**になっていけますよ！

✦現代版パンドラの箱

臭い物の中に隠れている宝物は、パンドラの箱の中にも共通して言えることです。

パンドラの箱って聞いたことありますか？

ギリシャ神話に登場しますが、全能の神ゼウスがパンドラという地母神に渡した箱のこと。

太古の昔、プロメテウス神によって火を使うことを学んだ人間たちは、火のおかげで暮らしが良くなったと同時に、これにより争いを起こすことに。そこで、ゼウスが人間たちを目覚めさせるために、パンドラに箱を渡して人間界へと送り込んだのです。

この中にはあらゆる困難・災難・苦難の種が封じ込めてありました。パンドラは、絶対に開けてはいけないと言われていたものの、好奇心にかられて、この箱の蓋を開けてしまいました。

このパンドラの箱からは、疫病、犯罪、悲しみなどなど、悪や不幸をもたらす、あらゆる災いが飛び出してきました。慌てて蓋を閉めたものの、その中には「宝物」が入っていたのです。

長い年月を経て、ついにその「宝物」を受け取る準備ができました。

その宝物とは何だか想像できますか？

パンドラのパンとは「すべての物」。パンドラとは「すべての贈り物」という意味を持つのだそう。パンドラとは、地下から豊穣をもたらす豊穣神でもあったとのこと。

そのパンドラの箱の中に入っていた宝物とは「希望の種」！

困難・災難・苦難の中に埋もれていたのです。

再誕生ヒーリングでは、この「希望の種」をアチューンメントという形で受け取って、光り輝く本来の姿へと再誕生させていきます。

パンドラの箱は開いてしまいました。そして、その箱の蓋はもう閉じることができません。コロナという疫病を体験した私たち。ここから受け取れる「宝物」なんてあるの？　と思われることでしょう。

どんな状況でも、不幸を幸せにできるレシピがあったら知りたいですか？

ここで質問です。

困難・災難・苦難の種って、誰も欲しくはないですよね？できれば、皆、無難な人生を送りたいと思っておられるはず。

でも、あなただったら、どちらを選びますか？

無難な人生と、困難・災難・苦難のある人生。

「土の時代」でしたら、無難な人生を選ぶことも可能でした。

しかし、見て見ぬふりをして、何もなかったかのように隠していた未解決の課題も「風の時代」では明るみに出てしまいます。

つまり、無難な人生と困難・災難・苦難のある人生のどちらかを選ぶ権利はなくなってしまいました。

でも、ご安心を。

困難・災難・苦難のある人生って無難の反対。つまり、難が有る人生のこと。この漢字、読めますか？

難があって「有り難う」。

あなたも再誕生ヒーリングで、困難・災難・苦難の種を「希望の種」と調合することで、愛と感謝に満ち溢れた有り難いものにしませんか？

ちょっと一言！

再誕生に必要な秘密のコード

パンドラの箱の裏話。これは、浦島太郎の玉手箱とも似てますよね。余談ですが、このパンドラの箱は実は壺＝甕だったとのこと。甕（かめ）が秘密のコードとなります。甕（かめ）とは亀でもあることで、浦島太郎が救った亀ともつながりますね。

再誕生ヒーリングでは、亀も甕も登場し、再誕生に必要な秘密のコードは再誕生ヒーリングのクラスで登場します。種明かしはクラスの中で行いますが、あ〜なるほど！　と、謎が解けますよ。

そして、この本の中でも、亀が登場します。亀から運ばれた箱が登場するのです。これは本当の亀からの玉手箱。これは聖書にも登場したものです。

✦臨死体験で学んだ二極化の世界：暗闇の次元

私は今生で二度、臨死体験をしております。

後日判明したことですが、一度目の臨死体験では**「再誕生せずに変わらなかった場合に行き着く次元」**へ、そして二度目の臨死体験では、**「再誕生した場合に辿り着く次元」**へと旅をさせられたのです。

今、時代は二極化していると言われておりますが、まさに、この両極端の二極化を臨死体験で体験してきました。私の２つの臨死体験をもとに、どちらの世界へ進みたいかを自問自答してみてください。

具体的な体験談をお伝えする前に、ちょこっと私の人生の背景をお話ししておきますね。

東京生まれ、新宿育ちの私は、幼少の頃からとってもエキセントリックな子供でした。子供が好むようなことが好きではありませんでした。小さい頃から、「なんでここにまた来てしまったんだろう」と感じながら生きてきました。人見知りで、臆病で、人前で話すことは大の苦手。人と馴染めなかったのです。そして小さい頃から、日本人として生まれたのに、日本人

ではないような不思議な感覚に陥っておりました。今で言う、性同一性障害の国籍版です。

感情をのみ込んで生きてきた私には、いくつかトラウマがありました。そして、15歳の頃からアトピー性皮膚炎、慢性痛で腕が上がらない症状に悩み、17歳の時に生きているのに死んでいるかのような感覚に陥り、「こんな人生では生きていけない」という、家にいるのにホームシック症候群に。つまり、自分が休まる居場所が見つからず鬱になっておりました。

この頃、生まれて初めて「死」と向き合いました。そして、死ぬ前に違う世界を見てみたいという衝動に駆られ、アメリカのカリフォルニア州に1ヶ月のホームステイの旅を決行。日本とは全く異なる場所で、私はアメリカ人だったんだと妙に納得でき、生まれて初めて自分の居場所を確認しました。

自分の居場所が確認できたのは、オレゴン州ポートランドに留学経験をした時。ポートランドの国際空港に初めて足を下ろし、空気を吸った瞬間に「ああ〜、ここは私の故郷だ！」って背筋がブルブルっと震えた感覚を今でも覚えております。誰も知っている人はいなくて、今まで来たことのない場所にもかかわらず、私の魂が覚えていたとしか表現できないほど。それは、30年経った今現在も変わらず、ポートランド国際空港か

ら車で20分のところに住居を構えております。そこで出会ったアイルランド系アメリカ人の主人と結婚。

一度目の臨死体験は、長男を出産した際に起こりました。ちょうど主人が大学を卒業した直後で、日本に住んでみたいということで在日中に出産。小さな産婦人科クリニックではハーフの赤ちゃんの出産は初めてとのこと。息子の骨格が私の骨盤と合わず、超、難産に。その際にお手伝いしてくださった助産師の一人も、あまりの壮絶さに気絶してしまったほど。本当に、私はこのまま死んでしまうんだと死の恐怖を体験しました。みんなの声が遠のいて、酸素ボンベを取り付けないと呼吸困難に陥り、危ないというところまでもがき苦しみました。

その際、意識が遠のいて、気づくと私は真っ暗闇の中にいました。本当に周りには誰もいなくて何もない。実際には、近くに主人も、母も、医師、看護師、助産師の方々もいたのに、とってもひとりぼっちに感じました。

これこそ、DARK NIGHT of the SOUL。直訳すると、魂の暗闇。

再誕生する際には嫌でも通過することになる闇のこと。夜空の星も背景が暗ければ暗いほど輝いて見えるように、私たちの

本質としての魂がより光り輝いて見えるためには、この暗闇を体験することが必要不可欠となるのです。

しばらく真っ暗闇の中を彷徨っていると、ずーっと向こうに一筋の光が見えました。無事に酸素ボンベが取り付けられたことで意識は戻りましたが、緊急帝王切開となり、予測しなかった状況とトラウマにより、その後、４ヶ月はひどいマタニティ・ブルー（産後鬱）を体験。長男も無事に生まれて幸せなはずなのに、この期間、自殺願望を体験しました。

ただ、この辛い時期に、生まれて初めてエネルギー・ヒーリングを体験させていただきました。この先生のお陰で、回復まで通常３〜６ヶ月はかかると診断されたにもかかわらず、その診断から１週間で回復した経験をし、担当した医師を驚かせました。

私がエネルギー・ヒーリングを学ぶきっかけをつくってくれたのも、再誕生ヒーラーとして活動する私の基盤をつくってくれたのも、この体験によるものです。

だからこそ、今となっては、この自殺願望は再誕生ヒーラーとして活躍する私にとっての貴重な体験となっております。と、言うのも、人間は４日間食べられない、眠れない状態が続

くことで、このような闇に陥ってしまうことを、身をもって体験したからです。この感覚は、実際に体験してみないと理解できないでしょう。

これを克服した体験があるからこそ、自殺願望のあるクライアントの方々のサポートができております。

（自殺願望のあるご家族やご友人がおられましたら、ぜひ次ページの『自殺願望と再誕生の関係？』をご覧ください。この情報が役に立つはずです）

おまけのメッセージ

自殺願望と再誕生の関係？

これは、とても大切なメッセージ。自殺願望のある方々に、私が必ずお伝えすることがあります。

もしも、ご家族・ご友人で自殺願望のある方々がおられましたら、ぜひ臨死体験者からのメッセージとして、このことを伝えてあげてください。そして、必ず専門科にご相談ください。

その上で、まず家族ができるとても大切なことは、彼らの話をとことん聞いてあげること。どんなに間違った観点でも、どんなに自分と意見が異なっても、納得できるまで吐き出させてあげることが大切です。その後に、こう聞いてあげてください。

Q. なぜ、死にたいって思うの？

ほとんどの場合、「だって、ここにいても意味がないから」、「誰も自分のことをわかってくれないから」、「夢や願望もなく、夢も叶わず、もういいやって思う」……って言うでしょう。

Q. 死んだらどうなると思うの？

すると、ほとんどの場合、こう言うでしょう。

「死んだら楽になる」、「死んだらこんな辛い思いをせずに済む」……って。

そうしたら、私はこう伝えるのです。
「あ～、そう思っているんだ。私もそう思ったことあった。でも、本当のこと知りたい？」って。すると、「え？　楽になるんじゃないの？」って答えるはず。

この質問は、とっても良い話題の切り替えになるのです。

日本にお住まいのみなさまは、蚊に刺されたことありますよね？　蚊に刺されたら、どうなります？　かゆくなりますよね。
かゆくなったらどうします？　かゆい部分をかきますよね。
では、なぜ、かゆい部分をかくのでしょう？

この答えが鍵なのです。

その答えとは、かゆい部分をかいてあげると解放感や快感を感じとれることです。

つまり、肉体があるから、かゆい時、悲しい時、辛い時、苦しい時に、ある特定の行動を起こしてあげることで、ほっとしたり、スッキリしたり、解放されたり、安定したりできるのです。

と、いうことは、肉体を殺してしまったら、かゆみ、悲しみ、辛さ、苦しさ、もがきなどの意識もそっくりそのまま持っていくことになります。これは、あくまでも臨死体験した私の実体験です。もがいているのに、解放できる肉体がないのです。

「これって地獄のようですよね」って伝えると、ほぼみんな「そうなんだ、知らなかった」って、考えを改めてくれます。

ここからが再誕生のための本題です。
「じゃあ、今の苦しみの現状をどうやって癒し、ほっとさせてあげようか？」って。

そして、一歩一歩、再誕生への道を歩んでいくのです。

近年の日本ではパンデミック以降、悲しいことに、年間の自殺者の数が感染による死者の数を上回っているとのこと。

パンデミックを抜きにしても、この曖昧な時代には、自殺願望が浮き上がってくることを知っていてください。なぜなら私たちは、この地球上で再誕生を体験したいから。

そして、これは大切なポイント！
再誕生するには、肉体がないと体験できないのです。

再生の前には、必ず、死があります。
死があるから、再生するのです。

「肉体を持ちながら再誕生すること」は、自分に対しての人生最大のギフトとなります。

再誕生ヒーリングでは、生きながら死ぬ智慧が学べます。これは般若心経の『空』の世界。

二度目の臨死で体験したのが、この『空』の世界でした。

✦臨死体験で学んだ二極化の世界：極楽の次元

二度目の臨死体験は、一度目の臨死体験から 15 年後にやってきました。

この時の私は、自分が臨死体験をすることを前もって察知していたかのように、不可解な行動を 2 週間前から起こしておりました。通常だったら、決して行わない行動を 7 つほどとっていたのです。

例えばその 1 つが、15 歳になる直前の長男に駐車する方法を教えていたこと。
アメリカでは 15 歳から車の運転免許を取れるのですが、注意深く心配性だったその頃の私は、そんなに早く息子に車の運転をしてもらいたくはなかったのです。それなのに、私の中の何かが、つまり高次元の自分が、息子に駐車の仕方を教えてと告げていたのです。

このおかげで、息子が私の命の恩人となりました。

そして、臨死体験をしたその日は、義理の父が亡くなった翌日のこと。おまけに、彼の父が亡くなった夜に、つまり、私が臨死体験をした当日の朝に、私の主人は私が亡くなった夢を見

たのです。この夢があったからこそ、主人は私に緊急病棟にすぐに行くことを勧めました。

なんでこのタイミングでこんなことが起こったの？　という体験だったのですが、あと少しで出血多量で命を落とすところでした。

ギリギリのところで緊急病院の前に到着し、息子が車を駐車することができたおかげで、私は入り口で降ろされ、たまたま病院の入り口でタバコを吸っていた休憩中の看護師二人に助けられました。車椅子に乗せられ、即、治療室に運ばれたのです。

ほっとしたと同時に、「血圧が急激に下がっている。輸血の準備をしろ！」と医療従事者が指示を出した声を聞いた後、私の意識は遠のいて肉体を抜けました。次の瞬間、私は亡くなった義理の父の手を引っ張って、上へ上へと上昇していきました。しばらくすると、とっても綺麗で大きな黄金の輪が見えてきて、周りには雲のような靄（もや）が光と共にキラキラと輝いているのが見えました。

「わぁ、綺麗〜。あの（輪の）中に入ってみたい」と思ったその次の瞬間、その光の輪の真ん前には、なんと何十年も前に亡くなった私の母方の祖父母が、二人揃って立っているのが見え

ました。その時、一瞬で悟ったのです。私がこの主人と結婚した理由を。

日本の祖父母とアイルランド系アメリカ人の主人との共通点は全くありませんでしたが、私の魂が一瞬で悟ったのです。これを言葉で表現してと言われても、正直、ぴったりしっくりする言葉が見つかりません。

高次元ではテレパシーでコミュニケーションをとると言われておりますが、私にとっては、この時の体験こそ、テレパシーによるものでした。

ここで私が一瞬で学んだこと。それは、私たちは魂の時点で、過去の未解決の課題を清算してこられるぴったりの家族を選んで転生してくること。過去世と今生の家族、先祖も含め、学びの課題が似ていること。そして、たとえ国や文化が異なっても、学びの課題が似ていること。過去世と今生、血族〜先祖と結婚相手とその家族がつながった瞬間でした。

実際に、この臨死体験後に改めて気づいたことですが、私の母方の祖父母と主人の両親の性格にも共通点があったのです。それまではそんなこと、全く気づかずにいたのに。

ところで、この綺麗な黄金の光の輪ですが、本当に言葉では表現できないくらい綺麗な場所で、愛と光以外の何も存在しない次元。ここが極楽という極上の至福を体感できる場所。黄金の光が雲のような靄に反射して虹色に輝き、それ以外は何も無いけど、全てそこにある『空』の世界。

そのほんわかしたエネルギーに浸っており、あともう少しでこの黄金の光の輪に手が届くところで、大きな声がしました。

「IT'S NOT YOUR TIME!!! 」＝まだ、ここに来る時期じゃない！！！　って。

その瞬間、私だけ、ドーンと肉体に戻されました。

しかも、その声の主は自分の声だったことは、はっきりと覚えています。

後でわかったことですが、あと少しのところで輸血が必要な状態だったとのこと。私にとって、この体験は自分の人生を改めてリセットする時期でもありました。失った血液を取り戻し、再度、肉体の改造に努めること数ヶ月。

臨死体験をした人たちは、その後、死ぬ恐怖が消えると言われますが、これは本当にその通り。

一度目の臨死体験の際には、私は「死に対する恐怖」が大きく、死ぬことが怖かったのです。産後鬱とも重なって本当に辛い時期を過ごしました。ところが、二度目の体験後は、あのような極楽に戻れるのでしたら……、真面目な話、戻るのが待ち遠しいくらいです。

私が臨死体験で、もう一つ、学んだこと。

それは、亡くなる際の意識の次元へ私たちの魂が導かれるということ。これは、２回の臨死体験の質の違いにより確認できたことです。肉体を卒業した後の次元も、様々な階級に分かれていて、それぞれの意識の波動に見合った次元へと送られるということ。

臨死体験者として、肉体を持っている間に再誕生していくことをお勧めします。そして、再誕生ヒーラーとしてできるだけ多くの方々に、黄金の光の輪をくぐって、極楽の次元へと向かっていただきたいと思っております。そこへと導いていくのが、再誕生ヒーラーとしての私の役目でもあります。

✦未来から届けられた再誕生ヒーリング

二度目の臨死体験で学んだこと。それは、これからの新時代は「未来に軸」を入れて人生を歩むこと。

今までの「土の時代」では、過去があって、過去が基盤となり、今があると考えられてきました。実際、まだ来ていない未来のことなどわかるはずない。それどころか、未来は過去が基盤となって創造されると思い込んでいる方もたくさんいるはずです。

誰も『今』は未来から創造されるなんて思ってもいないでしょう。

未来は過去が基盤となって創造される……という、この思い込みをくつがえしてくれたのは、私の長男でした。この長男の出産時に一度目の臨死体験をし、二度目の臨死体験では私を救ってくれたのです。

彼は小さい頃から予知夢を見るのです。

このことが判明したのは、学校での抜き打ちテスト。彼曰く、前日に夢の中で体験しているので答えはわかっているとのこと。こんなことをよく体験していたので、私は数回、学校の

先生に呼ばれたことがありました。「あなたの息子はカンニングしているのでは」と疑われたのです。先生たち日く、教えていない内容を知っているわけないとのことですが、まさか、息子は前日に夢の中で授業を受けているから知っているなどと言えるわけはありませんでした。

彼の中では当たり前。でも、一般では受け入れてもらえないことで理不尽な思いをしたようです。

私も臨死体験をした後から、『未来軸』にスウィッチを切り替えられたようです。なぜ、そう思えるのか？？？　その理由は、こんなことを体験するようになってきたからです。

宇宙より、直感を通して届けられたメッセージが数日後に現実になる。

私が知らないことを前もってお知らせしてくれる。そして、それが数日後に特定の本に書かれていたことで真実だと証明される。

ここ何年かで、シンクロという言葉を耳にすることが多くなりました。シンクロとはシンクロニシティと言われる共時性。カール·ユングが生み出した言葉で、心に思い浮かぶ事象と現実の出来事が一致すること。

そのようなシンクロ体験をする方々がおりますが、それは例

えば、ある本を読んで学んだことが数日後に現実化するとか、特定の友人が気になっていたら、その人から電話があったとか。

それ以前は『偶然』と言われて片付けられていたことですが、たまたまとか偶然というのは、「風の時代」では存在しません。

アインシュタインも、生前、このように表現していました。
「『偶然』とは、神が匿名希望で届けたメッセージである」と。

私が知らない宇宙の仕組みを前もってイメージやメッセージで教えてくれ、疑い深い私のために、数日後にそのことが書かれている本が実際に届けられるということが、日常茶飯事として起こるようになりました。

今では慣れてきましたが、初めの頃は、あまりの驚きで開いた口が塞がらないという体験も、多々ありました。

これらの書き留めておいた様々な情報は、いつしかパズルのピースとなり、それが間もなく完成するという時に、「これを世に出しなさい」とのメッセージを受け取り始めたのです。

それだけでなく、疑い深い私のために宇宙は目に見えないエネルギーを、目で見て学べるように配慮してくれました。つま

り、内面から届けられた宇宙からのメッセージを十字架や『16の菊の紋章』が刻まれたプラチナの指輪などの物質や、光と雲を通して見せてくれるようになったのです。

そして、私がこれらの体験で確信したことは、一般的に呼ばれている**『古代の教え』とは、『未来から届けられた教え』**であること。

再誕生ヒーリングも、未来から、そして宇宙から届けられた教えをもとに、創造、誕生した、『今』を生きる貴重な魂のためのギフトです。

PAST is HISTORY（過去は歴史）
TOMORROW is MYSTERY（明日は神秘）
TODAY is GIFT　（今日は贈り物）

That's Why It's called PRESENT!
（だから、今現在のことを英語ではプレゼントって呼ぶのです！）

今を「過去」か「未来」のどちらの軸に入れるかは、私たち一人ひとりの希望と願望次第です。

最誕生ヒーリングとは、『光り輝く本来の本質へと目覚めて再誕生する』という特別な意図と目的のために、未来から、宇宙から届けられた道標であり、再誕生したいという願望のある特別な魂のために与えられる「希望の種」です。

再誕生ヒーリングのユニークさ、それは目に見えないエネルギーを、目で見て学ぶことが可能なこと。次の章では、再誕生ヒーリングについて具体的に紹介いたします。

おまけのメッセージ

『未来軸』で起こり得ること？

最近まで、明らかに『未来軸』にスウィッチを入れて生きていた、10代の女の子と男の子がおりました。

過去形になっているのは二人とも、お亡くなりになっているからです。ただ、未来に軸を入れておくと起こり得ることの例として、２つ紹介いたします。

二人とも、自分の死を前もって悟っていたとしか思えない、不可解な行動を起こしていました。

まず、15歳の女の子はキャミちゃんと言い、ちなみに彼女の名前、英語ではキャミという発音ですが、スペルではKAMI（かみ）という名前。彼女は亡くなる２週間前に、友達にこう言ったのです。
「私のお葬式には黒い服なんて着ないでよね」って。

そして、まさか、彼女の友人たちはそれが２週間後に現実になるとは夢にも思わなかったようです。

おまけに、彼女は２週間の間に、今までお世話になった学校の先生や親戚の家族、教会の牧師、説教師などに感謝の手紙を出しました。亡くなった当日の朝も教会の説教師に、今まで体験したことのないような不思議な気分だと伝えたようです。

その午後、ふとした交通事故により、頭を窓に打ちつけてそのままお亡くなりになりました。彼女と一緒に車に乗っていた二人は全く怪我もなし。唯一キャミちゃんが行っていなかったのは、シートベルトを締めていなかったこと。

これには、彼女の友人たちもびっくりで。そしてもちろん、彼女のお葬式には皆、彼女の希望通りに黒の服装でなく、桃色の服装で参列したそうです。

もう一人の男の子も15歳。この二人は同じ学校に通っていました。２ヶ月の短期間に15歳という若さで二人もこの世を旅立ってしまったことに、地元では大きな騒動となりました。

彼は私のクライアントの甥なのですが、交通事故で亡くなった２週間前に、それまで３年間毎日一緒にベッドで寝ていた愛犬を、誰かに引き取ってもらいたいと言い出したとのこと。彼の両親もいきなりの大きな決断に困惑したようですが、悩んだ挙句、叔母である私のクライアントが引き取ったのです。その２

週間後、彼は亡くなってしまいました。
この彼は、1ヶ月前のお母さんの誕生日祝いを当日に渡せなかったことが気になっていたようで、亡くなる前日に、一緒に住んでいるお母さんに「愛してるよ」とのメッセージを送り、彼女のためにブランケットを買った直後に事故に遭ってしまいました。即死状態だったのですが、膝の上にはプレゼントのブランケットが置かれていたようです。

私も、二度目の臨死体験の2週間前から不可解な行動を起こしていたこともあり、『未来軸』に軸を入れておくと、これからの人生では、この世を旅立つ前触れを感じることで、様々な未解決の課題を清算できる機会が与えられるかもしれません。

再誕生ヒーリング

✦再誕生ヒーリングとは？

ここから、再誕生ヒーリングについて紹介いたします。

再誕生ヒーリングとは、新しく始まった「風の時代」を効率よく歩むため、古代から受け継がれ、未来から、そして宇宙から届けられたヒーリングの叡智でありツールです。

再誕生ヒーリングなど聞いたことのない方のために、わかりやすくいくつか例を挙げて説明いたします。

再誕生ヒーリングと蝶々の一生を例として挙げると、今までの「土の時代」の人生が芋虫のような人生だとすれば、物質主義、文化時代とも言われたように、目の前に見える世界が全てであり、地に肉体をしっかりつけて行動するのが当たり前の人生。

それが、ある時期を迎えると蝶々として成長するために、さなぎとして形を変えます。これは今の時勢で言われる「自粛生

活」であり、大体２〜３年はかかることも。さなぎの中はドロドロ状になっているとも言われ、これにより、蝶々としての新しい姿が形成されているのです。

今の私たちに置き換えると、それまで培った様々な体験、知識、躾、固定観念などが全てグチャグチャと混ざり合い、その中から成長となる糧と、排泄するべきものに選別されることとなります。

そして、再誕生の時期が来ると、さなぎに亀裂が入り、螺旋を描きながら少しずつさなぎから顔を出します。この時期はもがきます。英語では『Dark Night of the Soul（魂の暗闇）』とも言われるほど、ものすごく辛く、苦しみを体験することとなるのです。

ただ、この過程はとても大切で貴重なのです。ここでとても気をつけていただきたい重要なメッセージがあります。

そのメッセージを伝える前に、こんな時、あなただったらどうしますか？　という質問をします。

目の前でさなぎから頭を出した蝶々がものすごくもがいている姿を見たら、そして、なかなか出てこない姿を目撃したら、

あなたはどうしますか？

もしかすると、『他人軸』にどっぷりつかっている方だったら、すかさずハサミを持ってきて、楽に誕生できるように、さなぎに切り目を入れて出やすくしてあげるでしょう。

ただ、この優しい行為は蝶々にとっては迷惑行為でもあるのです。その理由は、せっかく楽に誕生できたものの、この蝶々は飛び立つことができずに、3日ほどで死んでしまうのです。

蝶々の習性を知らないと、せっかくの親切も仇となってしまうのです。なぜなら、蝶々にとって、さなぎの中でもがく行為は羽に筋肉をつけている大切な過程だからです。羽に筋肉がつくことで、やっとの思いで誕生した際に、自分の力で羽ばたけるのです。

これからの「風の時代」は、私たち人間も蝶々のように、霊＝スピリットを主体とした姿へと変容していく必要があるのです。そのために、私たちも芋虫からさなぎ、そして蝶々へと再誕生していくように、本来の本質である魂へと再誕生していく必要があるのです。

そして、出産は一人では難しいために、助産師が必要です。

支えられながら、導かれながら、守られながら、いたわってもらいながら、一緒に出産のお手伝いをしてもらうので、心強く、安心して出産することができます。

それと同様に、私たちがさなぎの状態から本来の光り輝く本質である魂へと再誕生する際にも、助産師（Doula= ドゥーラ）が必要です。

再誕生ヒーリングでは、再誕生ヒーラー、別名：スピリチュアル・ドゥーラと共に、支えられながら、導かれながら、守られながら、エールを送ってもらいながら、再誕生していきます。

再誕生ヒーラーとは、スピリチュアル・ヒーリングとスピリチュアル・リーディング、そして、スピリチュアル・コーチングが融合した今の新時代に誕生したヒーリング技法です。

再誕生ヒーリングでは、今までの自分（＝エゴ）との離婚、新しい自分へと導いてくれるマスターガイドとの結婚、光り輝く本質へと目覚めるための妊娠、そして、本質である魂を主体として生きるための出産のサポートをいたします。

ここで、再誕生ヒーリングの目的を紹介します。

1）　愛情に満ちた人生へとリニューアルするための青写真をつくり、それまでの恐怖に基づいた人生から卒業し、豊かさ

を軸にした人生を歩むため。

2）他人・周りに依存する「他人軸」の生き方から、本来の本質へと目覚めるために「自分軸」を取り戻し、本来の本質である内なるパワー「宇宙軸」とつながるため。

3）自分の性質・性格を学び、潜在意識の中に隠れていた宝石の原石を見出し、輝かせるため。

4）宝石をさらにダイアモンドへと光り輝かせるために必要なパートナーを見出し、人生の課題を見出すことで、陰陽統合し、人生の清算を加速させ波動を高めるため。

5）人生のリニューアルに不要な課題と原因（＝あなたの人生を狂わせるコンピューター・ウイルス）を発掘し、変換するため。

6）これからの時代をスムーズに歩むためのプログラムをアップグレードするため。

7）人生の課題と向き合い、恐怖と執着から解放させることで、新たなバランスと調和、平和をもたらし、より素晴らしい地球人・人生のパートナー、親になるため。

8）宇宙軸とつながることで、第７感＝宇宙と交信できる能力を高め、進化〜神化していくため。

9）再誕生より、魂の長い歴史に終止符を打ち、輝かしい光となって魂の故郷へと帰還するため。

一人でも多くの人が再誕生していくことで、この地球も愛と平和に満ち溢れた新たな地球へと再誕生していけるでしょう。

✦現代版天岩戸（あまのいわと）開き

2015年11月16日、日本の四国の霊峰剣山上空に、光り輝く黄金の『光の柱』が現れました。

それは、とても美しく回転する黄金の柱で、そこから光の注連縄（しめなわ）が放たれました。螺旋を描きながら放たれたこの光の注連縄は単なる光ではないことは、すぐにわかりました。

生命あるこの『光の柱』から放たれた注連縄は、「風の時代」、つまりスピリットが主体の霊主文明の幕開けを告げ、それを祝うと同時に、再誕生に必要な特別なヒーリングのツールを届けるために、地球上の私たちに放たれたのでした。

日本人でしたら、「天岩戸」の神話を一度は聞いたことがあるはずです。

要約すると、昔々、神代の昔、空の上に高天原（たかまのはら）という神々の世界がありました。そこにはイザナギとイザナミが統合したことで生まれた、太陽神の天照大神（アマテラスオオミカミ）や、暴風雨の神として知られる弟スサノオノミコトなどの神々が暮らしておりました。

地上に派遣されたスサノオノミコトは暴風雨を巻き起こし、それに怒ったアマテラスオオミカミは天岩戸に雲隠れし、世の

中が真っ暗になったとのこと。

実は、このアマテラスオオミカミの雲隠れは、光り輝く本質を持ち合わせて、神の一部である魂としての存在を忘れてしまった「土の時代」を表します。文化主義と物質主義が主流となったこの時代では、地球人は本来の本質を忘れてしまいました。これが偽りの自分とも言われる『エゴ』が主流となった時代です。

そして、長い長い年月を経て、再び、天岩戸が開いたのです。

アマテラスオオミカミとは、私たちの魂の真髄であり、**「本来の本質である魂が持つ神聖なるパワー」**を表現しております。
そして、天岩戸隠れの物語が言わんとしていることは、**「本来の本質と神聖なるパワーを心の内に秘めたまま、それに気づかずに過ごしてきた人間の姿」**を表現しております。

つまり、ここで天岩戸が再び開いたことで、**「光り輝く本来の本質と神聖なるパワーが再び開花して蘇る＝再誕生」**を表します。

あなたも持ち合わせている、神聖なるパワーを開花するため

には「鍵」が必要です。その鍵は、『光の柱』から放たれた注連縄（しめなわ）を通して届けられました。この注連縄はこれからの新しい軸であり、シートベルトの役割も果たします。

そして、その『光の柱』から届けられた鍵で開ける扉には暗号が必要です。

その暗号とは、日本人でしたらほとんどの方が知っている『カゴメ歌』。

この『カゴメ歌』の暗号を届けてくれたのがこの雲です。

この雲は、単なる雲ではありません。瑞雲と呼ばれ、めでたいことが起こる際に現れ、吉兆をもたらす生命体が宿る雲。

この瑞雲が、別名「鶴亀山」とも呼ばれる剣山の山頂に現れ、見事、この雲は鶴と亀が統合して「統べって」いるのです。

それだけでなく、この瑞雲は『マカバ・スター』とも呼ばれ、終焉を記すオメガ（亀）と、始まりを記すアルパ（鶴）が統合することで訪れる新時代の幕開けを意味します。

マカバ・スター
鶴亀山とも呼ばれる剣山の山頂で、
鶴と亀が統べった！

鶴と亀が交わっている瑞雲です。

亀さんにはお顔（写真左側）があり、こちらを向いています。わかりますか？

鶴は弦でもあり、ここから高波動の音が奏でられています。

これまでの「土の時代」から「風の時代」を経て、霊的、スピリットを主体とする新しい霊主文明を迎えた21世紀の今、目覚め始めた貴重な魂を救うため、高次元に存在するアセンデット・マスター（昇天した先代マスター）たちの意識が、地球上に住む私たちに向けて黄金の柱を通して放たれたました。

私たち地球人に救いの手を差し伸べていることを、高次元から『光の柱』として地球の人々に目に見えるように表してくれたものなのです。

この本を手にし、再誕生するよう導かれたあなたも、その貴重な魂の一人です。

再誕生ヒーリングに必要なヒーリング・ツールと秘儀は、アセンデッド・マスターたちの意識が詰まった、**『光の柱』**から届けられた宇宙からの贈り物です。

光り輝く本質へと目覚め、再誕生していくためには、この注建縄を受け取るために波動を高めておく必要があります。この注連縄をしっかりと着用し、鍵を受け取る準備はできていますか？

✦再誕生のための扉の暗号

近年、「今の時代は『陰陽の統合』が必要です」って聞いたことはありませんか？

再誕生を体験するには、顕在意識のエゴと今まで隠れていた潜在意識の統合と、左脳と右脳のバランスを整えることが必須です。これが成されて初めて再誕生を体験する「扉」が開いてくるのです。

この扉が天岩戸の扉です。

再誕生ヒーリングで紹介するこの天岩戸は実在するものではなく、体内に存在いたします。

どこだかご存じですか？　どこだか想像できますか？

それは松果体です。高次元の本来の姿は真我とか大我とも言われますが、あなたの本質である魂とつながるために、この体の部位から行われるのです。

ただ、この扉を安全に開けるには「鍵」が必要です。その鍵も実在するものではないのですが、陰陽を統合させることで鍵

が与えられ、扉が開いてくるのです。

この統合の「鍵」とは、実は、暗号です。再誕生ヒーリングでの暗号とは、『カゴメ歌』に秘められています。

♬カゴメ、カゴメ、
　カゴの中の鳥は、
　いついつ出やる
　夜明けの晩に
　鶴と亀が統べった
　後ろの正面、誰？♪

日本人でしたらほとんどの方がが知っているこの『カゴメ歌』ですが、歌詞をよく見ると謎ですよね。

夜明けの晩っていつ？　鶴と亀が統べって後ろの正面に現れるのって誰？　ということですが、再誕生ヒーリングでは、この謎が解明されます。

そして、言葉で解説するだけでなく、この秘密を目で見えるように宇宙がセットアップしてくれました。この謎は、別本『雲からの伝言』でご覧いただけます。

鶴と亀が統べるとは、再誕生に必要な陰陽の統合を表します。

この陰陽とは、女性性と男性性の統合。これは女性、男性という性別ではなく、誰の中にも存在する女性性と男性性のこと。

そして、なんと、宇宙から私に届けられたメッセージによると、陰陽の統合とは、西洋と東洋の統合でもあるのです。

P.61 で紹介した瑞雲は、鶴亀が統合した雲だけにとどまらず、十字架をも表現します。そして、十字架と聞くと想像するのは、イエス・キリスト。イエス・キリストの象徴の一つにアルパとオメガがあります。

アルパとはA、オメガとはΩ。この瑞雲もAとΩ（亀の甲羅部分）の形を表現し、その真ん中に十字架を表現して見せてくれたのです。

また、真下にあるので見ることはできませんが、十字架の先が亀のハートにつながっております。この亀のお腹にはカバラの『生命の樹』が描かれているのです。

2015年2月に物質化して現れた『十字架』、2015年5月に現れた『16の菊の紋章の指輪』の理由も、2015年11月にこの瑞雲を通して明かしてくれたのです。

それだけでなく、再誕生の秘密を明かすには、西洋の聖書と東洋の日本神話を統合して読み解く必要があることも。

　これが明かされた時に、なぜ、私が日本で生まれ育ち、アメリカに渡ったかの理由も判明しました。

✦再誕生ヒーラーとしての役目

　ここまで再誕生ヒーリングのことを少しずつ紹介してきましたが、ここで、私の再誕生ヒーラーとしての役目を説明いたします。

　今までの人生とこれからの人生をより理解しやすくするために、『蛙と白鳥』の物語で、イメージしていただきますね。

蛙と白鳥物語

＊＊＊

蛙の王国に、１羽の白鳥が池の水を飲みに降り立ちました。すると、今まで白鳥を見たことのない蛙たちは驚いて、白鳥に何者か、どこから来たのかを尋ねました。

白鳥は遥か遠く海の向こうからやってきたことを告げましたが、蛙にとっては海というものが何かわかりません。蛙は羽がないので飛べません。蛙は池の周りの王国以外のことは全く知らないのです。そこで、白鳥はなんとか蛙たちが理解しやすいように海を説明し始めました。

海とはこの池のようなものだけど、もっと大きいものだということを。

蛙にとっては、この池よりも大きい海というものを見たことがありません。そこで、そこにいた蛙の王様が代表として、ぴょんぴょんと池の端から遠ざかって聞き返しました。

「君の言っている海とはこのくらい大きいのか？」と。

白鳥は、「いやいや、そんな小さいものじゃない。海だよ、海。もっともっと大きいんだ」と、説明しました。

すると、蛙の王様は、さらにそこからぴょんぴょんぴょんと遠ざかって聞き返しました。

「海とはこのくらい大きいのか？」と。

白鳥は、「いやいや、もっともっとも〜っと大きいんだよ」

蛙の王様は、「これよりも百倍大きいのか？」

「いやいや、それよりも何千万倍も大きいんだよ」って白鳥が伝えると、ついに蛙の王様は言いました。

「お前は嘘つきだ！　そんなものこの世には存在しない！」って。

＊＊＊

私たちは、自分の見たことのないもの、理解し難いものを安易に信じることはできません。

つまり、この白鳥が伝えようとしていることは、臨死体験をした私が道案内役として、これからの時代の歩み方を紹介しているようなもの。

この物語の蛙とは、今までの「土の時代」を歩んできたエゴ。目で見て、頭で理解して納得できるエゴ。そして白鳥とは、実はエゴから目覚めて再誕生していく、これからのあなた

の姿です。

私が特別なのではなく、この白鳥としての道案内を務めるために、少しだけ早く目覚めて再誕生しただけです。

これから歩んでいく「風の時代」とは、白鳥が渡ってきた海のようなもの。

私の役割は、「目覚めの時期ですよ」とお伝えし、その後に体験する再誕生に必要な道のりをお見せし、それぞれの個性、性質を大切に重視した上で、光り輝く本質へと無事に再誕生するためのサポートとガイドをすることです。

再誕生ヒーリングでは、蛙として育てられた今までのエゴとしての自分と離婚し、白鳥として生まれ変わるための大切なパートナーとの結婚をサポートし、妊娠のための「希望の種」をアチューンメントで授け、妊娠中のサポートと出産の手助けをスピリチュアル・ドゥーラ（助産師）として行います。

私が日本とアメリカの架け橋となり、また、この次元と高次元の架け橋となり、再誕生のサポートをいたします。

おまけのメッセージ

『雲の糸』＝もう一つの「蜘蛛の糸」

芥川龍之介の「蜘蛛の糸」は、ご存じですか？

長い話を要約すると、雲の上のお釈迦様が極楽の蓮池から下の世界を眺めると、はるか下にある地獄にカンダタという男が血の池でもがいていたのが見えた。

犯してはいけない罪を背負ってもがいていたカンダタだが、一度だけ良い行いをした。それは、彼がむしゃくしゃしていた時に道端の蜘蛛を踏み潰そうと思ったのだが、寸前で、蜘蛛の命を思いやり、踏み殺すことなく助けたのだ。そのことを思い出したお釈迦様は、彼を地獄から救い出してあげようと考え、地獄に向かって蜘蛛の糸を垂らしたのだ。

血の池で溺れていたカンダタがふと上を見上げると、一筋の銀色の糸がするすると垂れてきた。これで地獄から抜け出せると思ったカンダタは、その蜘蛛の糸を摑んで一生懸命上へと昇った。地獄から極楽には長い距離があるため、疲れたカンダタは糸にぶら下がって休憩していたが、下から圧力を感じたために、下を見ると、何百という罪人が行列となって上へと近づいてく

るではないか。このままでは重みに耐えきれずに蜘蛛の糸が切れてしまうと考えたカンダタは、「この蜘蛛の糸は俺のものだ。降りろ！」と大声で叫んだ。

わがままな『自分軸』で行動したカンダタを見たお釈迦様は、悲しく思い、その蜘蛛の糸をブチッと切ってしまった。

＊＊＊

これを今の私たちの人生に置き換えると、このようにも読み取れます。

魂の故郷とはお釈迦様のいる雲の上の極楽。私たち地球人は、解決されていない課題を清算して、この地球を卒業するために、この地球へと転生してきたのです。カンダタのいる地獄とは、ある意味、災難・困難・苦難に見舞われた今現在の地球のようにも読み取れます。

そんな中、私がライトワーカーの代表の一人として雲からの黄金の糸に気づき、それを『宇宙軸』としてしっかりと受けとめ、臨死体験を通して、私たちの本質である魂が帰還すべき極楽への道のりを歩み、この黄金の糸の存在に気づいてもらうために、再びこの次元に降ろされたのです。

そして、魂主体の本来の本質へと目覚め、魂として再誕生する準備ができている貴重な魂に、この**『黄金の雲の糸』**を提供し、一緒に極楽への道のりを歩んでいこうと救いの手を差し伸べているのです。

極楽へと歩むための『宇宙軸』を受け取りたいという貴重な魂は手を挙げてください。
再誕生ヒーリングを通して、宇宙から届けられたこの黄金の雲の糸を、シートベルトとしてしっかりと結びましょう。これがあるからこそ、極楽への道のりを安心して、より楽に、一緒に歩んでいけるのです。

✦新しい健康とヒーリングの定義

みなさまは「風の時代」の新しい健康の定義って、今までと何が異なるかご存じですか？

健康と言えば、肉体面の健康を思い浮かべるでしょう。ただ近年は、心療内科という専門の分野も耳にすることが多くなりました。また、最近では、精神科のお世話になる方々も多くおられます。

つまり健康とは、肉体面、感情面、精神面のあらゆる分野で良好な状態であるということ。ただ、近年ではもう一つ、新たな分野が追加されております。

こちらが、WHO（世界保健機関）の新しい健康の定義です。
「健康とは、肉体的にも精神的にも、また霊的にも、社会的にも完全に良好な状態であり、単に病気ではないとか、病弱ではないということではない」

ここにはなんと、『霊的』という言葉が追加されております。エネルギー・ヒーリングに携わっている私にとっては、健康とはまず、霊性面から対応しておくことが大切であることを認識しております。「病は気から」と言いますが、この「気」も目には見えないエネルギーですよね。この「気」を放っておくこ

とで、それが精神面、感情面、肉体面へと影響を及ぼすことになるのです。また、それに加えて、ヒーリングとは何を表すでしょう？

特に日本でヒーリングと言うと、手当て療法、エネルギー療法、霊能力によって癒される治療を指すことが多いです。

一般的にはヒーリングとは治療する、癒す、癒しをもたらすこと、癒されている過程、体調不良から回復・改善・治癒・治療して健康になる過程。

それに加え、癒しをもたらす技法、それによる治療の総称でも使われます。

日本語で検索しても出てこないのですが、実は、英語で「HEALING」という言葉を検索すると、「え？　そうなの？」という定義がご覧いただけます。

それは、日本語での定義と同様なものに加え、この定義も含まれます。

“Process of Becoming Healthy” ＝健康になる過程
“Process of Making Sound or Becoming Sound”

再誕生ヒーリングでは、この最後の定義である「音を奏でる

こと、音になること」に重点を置きながら、ヒーリングを行っていきます。

これを見聞きしてもピンとこないかもしれませんが、私たちの体はもともと、ヴァイブレーション（＝波動）で成り立っております。つまり、私たちはヴァイブレーショナル・ビーング＝エネルギー体です。

エネルギーだからこそ、波動が高くなることで、私たちの耳では聞き取れない音を体内で奏で始めます。そして、エネルギー体が宇宙の源と融合するにつれ、エネルギーが共鳴し、音そのものになっていくのです。これが、私たち、魂としての将来の姿です。

ちなみに、私たちの内面から奏でられる音を光妙音と呼びます。仏陀、菩薩、キリストの意識と共鳴する時に内面から奏でられる音のこと。この音を聞き、またこの音を内面で奏でられることこそが、私たちに与えられた最大の宇宙の源からのギフトです。

新しいヒーリングの定義
＝音を奏でること。音になること！

LISTEN TO THIS MUSIC by Hafiz

I Am a Hole in a flute that the Christ's Breath
Moves through. Listen to this Music……

～この音楽を聞いて by Hafiz ～

「私はフルートの穴。神の息がその穴から吹き抜ける。
この音を聞いて……」

✦スピリチュアリティの定義

近年、日本でもスピリチュアルという言葉が浸透しております。スピリチュアルとは形容詞になるので、再誕生ヒーリングでは『スピリチュアリティ（霊性・精神性）』と表現いたします。

西洋では、スピリチュアリティとは、伝統的に伝えられている組織的な宗教から離れ、霊性に目覚めるための活動・行動を表します。よって、再誕生ヒーリングの理論は、いかなる宗教とも関わりはありません。

日本で浸透しているスピリチュアルとは、透視能力があるとか、オーラが見えるとか、ハイヤーセルフと会話ができるとか、先祖や守護霊と対話ができるとか、クライアントの痛みを取り除くなど、サイキックと同語のように扱われている傾向があるようです。
これらは再誕生ヒーリングで提唱するスピリチュアリティとは、少し異なります。

再誕生ヒーリングでは、本来のスピリチュアリティを実践していただけます。

本来のスピリチュアリティとは、『霊性』、『精神性』を高め、

私たちが目覚め、再誕生＝開眼していくために歩むこと。

スピリチュアルな生き方とは、霊＝スピリットを主体の生き方として実践し、魂の進化のために歩んでいくこと。

そして、その過程で、ハイヤーセルフとつながり、直感力も波動も高まり、結果として自然と透視能力も芽生えてきます。

人間も赤ちゃんから幼児、幼少期、思春期を経て成人するように、魂も**進化**していくのです。

ただ、これから私たちが体験していくのは、新しい**新化**。

また、この進化は潜在意識へと深く入っていく**深化**。

その奥には今まで気づかなかった、見えなかった真実も判明することで**真化**。

その延長で進化していくことで、神格化する**神化**。

これこそが、再誕生ヒーリングの最終目的です。

その過程で、肉体を持ちながら、波動を高め、光り輝く本質へと目覚め、時期が来ると再誕生していくことでこの「風の時

代」の波に乗り、周りで何が起こっていようとも、愛と感謝に満ち溢れた人生を送れるのです。

一人でも多くの人たちが再誕生していくことで、この世を極楽にしていきましょう。

次ページから、再誕生の道のりを紹介していきます。

✦再誕生への道：スピリチュアル·ジャーニー

あなたは、なぜこの地球に転生し、生きているのかを考えたことがありますか？

しかも、日本人として転生してきたことは、宝くじの当選者です。なぜ、そのように私が断言するのかと言いますと、日本の文化に触れていないと感動できない宇宙からのギフトが隠れているからです。

その１つは、私の元に現れた『16の菊の紋章』から届けられました。その詳細は別本（「風の時代」の神秘殿靈氣）で紹介いたしますが、この『16の菊の紋章』が羅針盤となり、今現在の文明の中心が、日本の国生みでも知られる淡路であることが判明いたしました。

この再誕生ヒーリングに関しても、英語ではなく、まずは日本語、そして日本から誕生させ、本を出版しなさいとの明確な指示を受けたことで実現しております。

ここでは、再誕生ヒーリングを行うにあたり、オリエンテーションとして、再誕生への道のりを紹介いたします。やはり、何事もゴールや終着点が見えないと、単なるワークとなってし

まい、ワクワク感もありませんよね。

まずは、今、ここで生かされている目的を再誕生ヒーリングでは明確にします。

私たちがこの時期を選んで転生した理由は、地球の次元上昇（グローバル・アセンション）と共に、私たちの魂も同じ波に乗って上昇することで、今現在の地球の次元から卒業するためです。魂も長い歴史を経た後、光り輝く本質へと戻るため、魂がやってきた場所へと帰還していくのです。

そこで、今までの歩み方から、再誕生していくこれからの人生の道のり、それも、魂を主体としたスピリチュアル・ジャーニー（魂の帰路）を紹介いたします。

＊＊＊

魂の始まりは姿・形のないエネルギー体である意識から始まります。愛と光に満ち溢れた魂の故郷には、恐怖や闇は存在しません。何も無いのに、全てがある、般若心経の『空』の世界。

そこは黄金の海のような極楽の次元です。

ただ、そのようになんの不自由というものも存在しない状態が長く続くと、どのようになるか想像できますか？

なんのモチベーションもなく、学びもなく、成長もなく、感情も存在しないことで、感情のエネルギーが動くこともなく……、つまり、つまらなくなるのです。

私たち人間はつまらない時って何をするか知ってますか？

それは、ドラマをつくって感情という波を動かすのです。それにより、生きていることを実感し、学び合い、成長していくからです。

よって、魂は、この地球に肉体という乗り物を借りて留学しに来たのです。

その際、とっても特別で、今生で今の次元の地球から卒業できる魂は、つまり、魂の故郷に帰還する準備ができている魂は、額にマーキングをされてこの地球にやってきます。

私たちは、地球上での学びの課題を全て終わらせることができるよう、その課題を提供してくれる家族、つまり、自分の両親を選んでいるのです。

よく、「こんな家族、自分で選ぶはずがない」とか、「なん

で、この家族の元に来ちゃったんだろう」って嘆く方もおられますが、本人が覚えていないだけで、魂は皆、自分で光の契約書にサインしてこの地球に降ろされるのです。

地球上で肉体を持って人生体験ができるよう5つの感覚機能が与えられることで、様々なドラマを体験します。

大体5～6歳くらいまでには感情を感じることができ、好き嫌いもはっきりしてきます。

15歳くらいまでには、躾、固定観念が両親・学校において教育されることで、何が正しいことで何が誤っているかの判断ができるようになります。この頃には95%、思考の脳である左脳に頼った人生を送ります。左脳が人生、行動、言動を支配するのです。

そして、ある一定の時期になると、何をやっても虚無感を感じることになります。なぜなら、それまでは左脳に95%も支配され、正しい行いをすることで、感情を押し殺してしまっていたことに気づくようになるのです。虚無感とは、感情を無視、拒絶、押し殺してしまうことで体感すること。これが当たり前になってしまうことで、自分が何を求めているのか、何を感じているのか、何を体感したいのかが不明となり、迷子になるのです。これが、ミッドライフ・クライシス（中高年の危

機）と呼ばれるもの。

通常は、その虚無感を埋め合わせるように、色々試行錯誤しますが、何をやっても失望したり、穴を埋めたりすることができなくなるのです。その際、私が個人的に『かぐや姫症候群』と呼ぶように、家にいるのにホームシック症候群に陥ります。

つまり、時期が来るとかぐや姫が「月に帰りたい」と思ったように、「故郷に帰りたい」とマーキングされた額がブルブル震えたり、不安の波を起こしはじめます。魂が「故郷に帰還できるよう準備を始めましょう」って、再誕生の合図を送ってくれるのです。

こんな時に初めて、自殺願望がでてきます。再誕生する前には「死」を体感することになるのです。ただ、この「死」とは肉体の死ではありません。今まで私たちを支配していたエゴによるコントロールの「死」です。

前代未聞の大きな不安の波をなんとか鎮めようと瞑想を始めたり、天に向かって祈り始めるでしょう。

しばらくすると、その祈りは天に届き、お迎えが現れます。神の御前に仕えている使者、大天使たちのお出ましです。大天使たちに支えられ、守られ、導かれることで、今までの偽りの自分、別名エゴとか小我から離婚していくことになるのです。

そして、大天使たちにお祝いしてもらいながら、魂の帰還へと導くマスターガイドと結婚するのです。この結婚はエネルギーのアチューンメントで行われます。アチューンメントとは、結婚だけでなく、妊娠する行為でもあります。高次の自分とも呼ばれるハイヤーセルフの存在に気づき、目覚め、再誕生するために必要な妊娠の「種」がアチューンメントで与えられます。

この「種」に愛情という栄養素を与えていくことで、つまり、再誕生の瞑想法と呼吸法で「種」を育てていくことで、再誕生の時期を迎えることとなります。

マスターガイドと結婚することで、少しずつエゴから離婚していきます。その過程で、エゴの中に長年隠れていたインナーチャイルド（私たちの中に存在する感情体であり、小さな分身）が顔を出し始めます。

実は、アチューンメントによりマスターガイドと結婚するのはインナーチャイルドです。そして、妊娠して再誕生していくことで、インナーチャイルドが育てられ、ハイヤーセルフとして再誕生していくのです。

再誕生の瞑想法と呼吸法を続けていくと、波動がどんどん上

がっていきます。それに伴い、これからの人生に不要な様々な思考・固定観念・感情の毒素が排泄されるから、身も心も軽くなり、魂にも輝きが増してくるのです。

魂の世界にも、地上の学級制度のように階級が存在します。ある一定の階級まで到達していくと、愛と光のご褒美を受け取ります。

その1つが「鍵」です。その鍵とは、再誕生のための乗り物に乗る鍵のこと。イメージすると、光り輝く本質へと目覚めていくために、車を洗車するように、光の乗り物の中で魂が活性化していきます。この乗り物とは「マカバ＝光の乗り物」とか、聖書に登場する「メルカバー」と呼ばれるもの。

この目的は、**ライトボディ・アクティベーション**、つまり、**光のボディへと活性化**していくことで、魂がさらに一層輝いてくるのです。この頃には、左脳と右脳がバランスよく統合されることで、今までのエゴが小さくなってくるのです。この光のボディがどんどん活性化していくことで、魂はエンライトメント（悟り）の境地へと到達するのです。

蓮の花が泥沼から這い出て綺麗な花を咲かせるように、魂にとっての『生命の樹』にも華を咲かせることとなるのです。それを祝うかのように、魂は光り輝き、耳では聞こえない音を奏

で、音そのものになり、本来のヒーリングを体得するのです。

その延長線にあるのが魂の神性化であり、愛と感謝で魂の故郷へと帰還することで、今のカオスにどっぷりつかった次元の地球から卒業するのです。

唯一、魂が帰還しても、他の魂を救うために、地球に降ろされる天使役もおります。そのような役目をいただく魂はライトワーカーと呼ばれます。中には、ライトワーカーの役目を果たすことで、さらなる魂の成長を遂げる魂たちもおります。

魂の人生の帰路

魂の故郷から学びのために
地球学校へと留学

⬇

五感というツールと肉体により人生を体験

⬇

ミッドライフ・クライシス（虚無感）

⬇

穴埋めの旅

⬇

ホームシック（鬱）

⬇

祈り～天に向かって降参

⬇

大天使のお迎え（再誕生ヒーラーが代理）

⬇

偽りの自分（エゴ）と離婚

⬇

マスターガイドと結婚

⬇

ハイヤーセルフへ誕生するための妊娠

⬇

再誕生のための乗り物に乗る鍵を受け取る

⬇

乗り物マカバに乗る

⬇

ライトボディ・アクティベーション（光のボディ活性化）

⬇

エンライトメント～生命の華を咲かせる

⬇

ヒーリング（音を奏で、音になる）

⬇

愛と感謝で魂の故郷へと帰還

⬇
神格化

これが再誕生の道のりです。シートベルト着用の準備はできていますか？

✦再誕生のための『軸』の切り替え

この地球に転生し、しかも、日本人として転生してきたことは、宝くじの当選者と伝えました。

日本で生まれ育ち、アメリカ在住歴30年の私は両国の文化に触れて生活しております。どの文化でもそうですが、良し悪しを比較できるので、日本人として生まれてくるためには精神性が高いはずと勝手に思っております。

これはあくまでも個人の見解ですが、日本語が読み書きできることもすごいことです。一般には新聞を読むためには2千以上の漢字を知っておく必要があるようです。また、1つの漢字には2通り以上の読み方があり、漢字を組み合わせることで言葉をつくってますよね。

各国の言葉を90%理解するには、フランス語で2千語、英語で3千語、ドイツ語で5千語、日本語ではな・ん・と……1万語が必要と言われているようでダントツです。難易度世界一と言われている理由は一目瞭然です。

おまけに、他人を思いやる心を持ち合わせていることも、簡単なようで、実は素晴らしいすごいことなのです。日本で生まれ育っていたら当たり前の行動が、他国では、実は当たり前でないのです。

日本では、『他人軸』が自然と身についております。東日本大震災の際も、パンデミック中でも、世界から見る日本の姿が映し出されました。日本では当たり前かもしれませんが、そしてマスクの良し悪しはさておいて、自分のためだけでなく、周りのためにもマスクを着用する姿勢に日本生まれの私は誇りを感じました。

と、日本人をベタ褒めしておりますが、私はアメリカに来て、初めて日本の素晴らしさを学びました。それまでは1つの文化にどっぷりとつかっていたために見ることができなかったのです。だからこそ、逆に、海外から見る日本と日本人のことを伝える役目を果たしております。

ぜひ、日本人として転生したことを誇りに思っていただきたい。ただ、光り輝く本質へと目覚め、再誕生していくためには、謙遜に基づいた『他人軸』から、新しい『軸』への切り替えが必要です。

今は日本でも、『自分軸』が提唱されております。今までの日本では、自分のことはさておいて、他人のために奉仕する心が充分養われております。でも、想像してください。今まで『他人軸』だったあなたは、いきなり『自分軸』へと軸を切り替えられますか？

日本人の観点からは、『自分軸』とは聞こえがいいけれども、『わがままになってしまうのでは』、『わがままに聞こえてしまうのでは』、『相手に失礼になるのでは……』と、（ここも『他人軸』の観点ですが）『自分軸』になることを躊躇しがちですよね。

ただ、私は、あなたにできるだけ早く再誕生していただきたいために、別の提案をいたしますのでご安心を。と、言うのも、『自分軸』では再誕生するために少し遠回りしてしまう可能性があるのです。

私が伝えたいのは、「風の時代」を楽に歩んでいくためには、

『他人軸』でも『自分軸』でも行き詰まってしまう可能性が大だということなのです。これは実際、私も体験済み！

ちなみに、私のクライアントの90%はアメリカ人ですが、『自分軸』が主流のアメリカでは主に『他人軸』を教えているのです。

余談ですが、アメリカの企業では、昇給するため、お給料をあげてもらうために、自己申告するのが普通であり、当たり前です。いかに自分が素晴らしい活躍をしているか、どれだけ仕事をしているかを上司に伝えるのです。

そして、再誕生していく際には、あなたも宇宙に向かって「再誕生の準備ができていますので、新しい軸を与えてください」って自己申告することが必要なのです。再誕生ヒーリングでは、『他人軸』でも『自分軸』でもない、もう一つの『軸』とつながるサポートをいたします。そして、その新しい軸を**『宇宙軸』**と呼ぶことにします。

よく、「When a Student is Ready, a Teacher will Appear」＝「生徒の準備が整うと、先生が現れる」と表現しますが、これは本当です。

「風の時代」では、受け身状態でいつまで待っていても、自分

の望んでいるものはなかなかやってきません。なので、待ち続けている間に、再誕生の機会を見逃してしまうことのないように。

『他人軸』から『宇宙軸』に切り替える準備ができましたら、ぜひ、宇宙に『再誕生するための宇宙軸』の注文を入れましょう！

おまけのメッセージ

「風の時代」は何色？

今までの「土の時代」では、どちらが良いか悪いかで分別されていた時代でした。そして、それを白か黒かと、陰陽の色で表現されておりました。

ただ、今の時代は、なんともはっきりしない曖昧な時代となっております。どちらが良いのか悪いのか、どちらが正しいのか間違っているのか……曖昧です。

曖昧さを色で表現するとなると、白と黒を合わせた色、つまり、灰色。

でも、灰色って曇り空の色。これでは心も気分も晴れ晴れしませんよね。そこで、再誕生ヒーリングでは、この灰色に『愛』の色を追加します。

『愛』の色を情熱の赤とすると、その赤を灰色に加えるとどうなるでしょう？

しばらくすると、リラックスの色、ラベンダー色に変化し、さ

らに追加すると、日本人がとっても大好きなハーモニー＝調和の色。桜色に変化します。

再誕生ヒーリングでは、「風の時代」の色を白か黒かではなく、灰色か桜色で表現いたします。

あなたは、灰色と桜色のどちらを選びますか？

✦再誕生する前に与えられる試練

この「風の時代」の幕開けは、パンデミックによる自粛生活から始まりました。まさに、さなぎの中にいる状態を体験しているのです。芋虫からいきなり蝶々へと変容できないのと同様、私たちも、さなぎの期間を体験するのです。

その中身は、困惑に満ち溢れた曖昧なドロドロ状態。コロナは良いの？　悪いの？、ワクチンは安全なの？　危険なの？、まだ自粛すべきなの？　外に出ても良いの？、一体、誰を信じて、どうすればいいの？

前代未聞の状況に、世界中誰も白か黒かはっきりとした正解が出せない、なんとも曖昧で混沌とした時期を歩んできました。

今まで以上に、家族、そして自分と向き合う時間も与えられ、自由を奪われ息苦しさを感じた方々も多いはずです。今までの当たり前が当たり前ではなくなっている新時代を体験することで、柔軟さを学ばされ、それと同時に、今まで隠れていた感情が浮き彫りになり、抑えられなくなったことで躁鬱の状態を繰り返す人々も現れました。それだけではおさまらず、自殺を考えたり、犯罪に手を染めてしまう人たちも。

パンデミックのみにとどまらず、この地球上は、前代未聞と言われる大規模で巨大な自然災害にも見舞われております。責めたい対象が目には見えないウイルスや自然だからこそ、コントロールはできません。つまり、お手上げ状態です。

私たちの挑戦
＝我々は状況を変えることはできない。ただ、自分たちを変えるように挑戦させられている。　By Viktor Frankl

でも、その中で、自分にとっての真実を見出し、今までの右にならえの『他人軸』による人生とは決別し、『自分軸』という新しい軸を持った上で歩んでいく人生を学ぼうとしています。周りで何が起こっていようとも、周りがなんと言おうとも、自分にとってはどれが、どちらが安心で、安全なのだろう……と、内観させられます。

そして、その答えとは、今までほとんどの方が頼ってきた左脳＝考える脳、思考脳、マインドには存在しないのです。

あなただったらどうしますか？　今まで自分が培ってきた左脳に蓄えられた知識の中には答えが存在しないことを知ったら

……。

諦めますか？　でも、これって自信も希望も失い、敗北感しか残りませんよね。

こんな時には、英語で『OUT OF MIND』って表現するのです。

これを直訳すると、頭が飛び出たってこと、つまりクレイジー＝狂ってしまうこと。

こんな状況に陥ってしまう時、自分を責めてしまう人たちは自分を殺めてしまう行為へ、そして、他人を責めるタイプの性質では、犯罪に手を染めてしまうことが多いのです。

これらの行動を起こしてしまうのは、本来の自分とはかけ離れた存在です。

ただ、再誕生ヒーリングでは、もう一つのポジティブな〈諦め〉を学ぶこととなります。

それは、なんだかわかりますか？

✦それは、〈降参〉！

降参とは天に向かって降参すること。天に向かって、今までの自分だと思い込んでいた左脳に頼り続けていたエゴを解放し、天に委ねること。これは、簡単に思えて、実はとても難しいことです。

でも、これが可能となることで手に入れることができるもの……それが〈自由〉です。エゴのコントロールを手放すことで得られる〈自由〉。

〈自由〉とは、福沢諭吉がつくった言葉と言われております。これは、「自らをもって由となす」と訳したのが始まりのようです。自由とは他人に与えられたものではない『自らの意図や思考』を『行動の由（理由）』とすることと言われています。

重要なポイントは、〈自由〉とは、自らがあって初めて存在すること。そして、それは天に全てを委ねて降参することで、エゴという殻である呪縛からの解放により体験できる自由です。

再誕生ヒーリングで体験する私たちの挑戦

OUT OF MIND to RECLAIM the TRUE ESSENCE OF WHO WE ARE!

エゴというマインドから抜け出し、

私たちの本当の本質である魂を取り戻そう！

再誕生ヒーリングでは、OUT OF MIND＝クレイジーになってしまう前に、本来の本質へとつながるための新しい軸をしっかり摑むトレーニングを行うからこそ、安心して安全に、マインドがつくり上げたエゴという殻から解放され、本来の自分へと自由に羽ばたいていけるのです。

この方法を習得し、実践していくことが、私たちの挑戦であり、再誕生ヒーリングの目的です。

おまけのメッセージ

降参するとどうなる？

再誕生ヒーリングのクライアントの中には、不妊でお悩みの方々、不妊治療中の方々がおられます。よく見られるケースですので、ここで降参するとどのような結果が得られているのかを紹介しましょう。

不妊歴５年目、不妊治療に２年半費やしたにもかかわらず、全く子供を授からずに苦しんでいたクライアントＡさん。彼女は一生懸命、食生活を改め、基礎体温も真面目に測り、辛い治療も行った挙句、最終的には子宮の位置がおかしいからと、これ以上治療を継続することをやめるように医者から言われてしまいました。人生のどん底にいた彼女ですが、本当に辛そうで。

彼女に再誕生ヒーリングを試していただいたところ、彼女も気づかなかったことが多々、判明したのです。第１回目のセッションでは、いかに自分が恐怖に基づくコントロールで生きてしまっていたかに気づかされ、第２回目のセッションでは、良かれと思っていた行動が、旦那様を苦しめてしまっていたことに気づかされ、第３回目のセッションでは、これまた自分で良かれと思って行動していたことが、結果として神経を緊張させ

てしまっていたこと。

それだけでなく、彼女がなぜ子供を必要としていたのか、それが、エゴに基づく固定観念によるものだと判明しただけでなく、お人好しの彼女は、周りからの手助けや心配りを無意識に拒絶していたことが判明したのです。「大丈夫です。結構です。自分でできます」などと、周りに負担をかけたくないからと、周りの好意をお断りしていたことが習慣となっていたのですが、スピリチュアルな観点で見ると、これは宇宙からのギフトを拒絶していることにもなるのです。子供も、ある意味、宇宙からの贈り物です。

子供が欲しいと思っていたにもかかわらず、受け取る器＝子宮を緊張により収縮させていたことに気づいた彼女は、人生のリニューアルを行うための青写真をつくりました。そして、パートナーである旦那様にも苦しい思いをさせてしまったことに対し、謝ることにしたのです。おまけに、セッションで判明したことも伝え、彼女はリラックスする方法を知らなかったこと、これからはリラックスして心にゆとりをもたらす呼吸法を実践していくことを誓いました。また、最も大切なことである「天に委ねて降参」することにしたのです。

それ以来、不妊治療に焦点を置くのではなく、幸せな人生への

リニューアルのために、軸の切り替えを行うためのフォローアップセッションを行いました。すると、4ヶ月で自然に妊娠したのです。子宮の位置がおかしいからと妊娠を諦めていた彼女は、医者にも相談すると、子宮も元の位置に戻っているから妊娠可能との朗報も。今では女の子のお母様となりました。

これは、再誕生ヒーリングで降参することを選択されたクライアントによく見られることです。諦めではなく、宇宙に委ねて降参することで、宇宙からのギフトが注がれ、それを受け取る器をつくることができ、きちんと受け取ることが可能となるのです。

あなたも〈降参パワー〉を体験してみてはいかがですか？

✦再誕生する際に現れる5人の登場人物

再誕生ヒーリングを効率的に体験するために、目には見えない登場人物を紹介しておきます。

感情、意識を扱うエネルギーのヒーリングは、目には見えないために理解しにくいですよね。ただ、再誕生ヒーリングでは、とてもわかりやすく理解できるように、あなたの中に存在する5人のキャラクターを紹介することから始めます。

5人のキャラクター？

あなたの中に、5人もキャラクターがいるなんて、知っていました？

これを知っておくと、ヒーリングの過程が理解でき、エゴとインナーチャイルド、シャドー、ハイヤーセルフの関係もはっきりとするはずです。

そして、再誕生ヒーリングでは、今までの主人公が変更するのです。これを理解すると、なぜ私が、今までの自分と離婚をし、新しい自分へと目覚めて再誕生するために、結婚をし、妊娠し、再誕生していくと表現するのかがおわかりいただけるでしょう。

登場人物1＝エゴ

私たちが産声をあげて赤ちゃんとしてこの地球上に誕生した際には、エゴという性質はまだ養われておりません。

ほとんどの場合、健康な状態で生まれてくる赤ちゃんは、とても純粋なエネルギーを持って生まれてきます。赤ちゃんの近くでは、とても優しいエネルギーに包まれ、自然と笑顔になり、抱っこするだけでもとても癒されますよね。そして、大の大人でも、赤ちゃんの前では自然と声のトーンが変わるもの。赤ちゃんは神秘的なパワーで満ち溢れているのです。

2～3歳頃から5～6歳までに、感情を表現することができるようになります。単純に、好きか嫌いか、やりたいかやりたくないか、楽しいか楽しくないか……など、頭で理解する以前に、素直な気持ち＝フィーリングで表現し始めます。

ただ、エゴを確立するための道は、通常2～3歳から始まります。それは親による躾によって、どれが正しくてどれが間違っているのか、どれが良いのか悪いのか……など、理性が養われていくのです。

これはとても大切な時期でもあり、地球人として秩序を保ち、守って生きていく上では大切な知識です。

海外生活が長い私にとっては、日本の文化や躾を異なる角度から見ることができます。だからこそわかるのですが、小さい頃から、『他人軸』で育てられるのです。これはとっても大切なことであり、私が日本で生まれ、日本の文化に触れながら育ったことを誇りと思えることの１つです。

常に、周りのことを考えて行動する。気を配る、気を遣うことができるのも、日本の文化と躾の賜物です。日本人にとっては当たり前と思われますが、海外では当たり前ではないのです。

パンデミック中に、マスク着用を真っ先に実践したのもアジア諸国です。特に目立ったのは、周りのためにも自分にマスクを着用すること。これは海外では理解しにくいことの１つでした。

この躾、そして、コミュニティ社会で秩序を守るための様々なルールがあることで、私たちは成長していきます。その結果、15歳頃までには物事の良し悪しが理解でき、それに基づいて生活をすることになります。

気づいていないかもしれませんが、こうして、私たちのエゴが確立していくのです。

一般的に、エゴとは「自我」と表現されますが、エゴには２つの意味が存在します。

１つは自我・自尊心を意味するエゴで、心理学で使われます。もう１つは、自己の利益を重視し、他者の利益を軽視、無視する考え方を定義とするエゴイズムを短縮した言葉。

再誕生ヒーリングでは、エゴをもう少し幅を広げて理解していただきます。エゴは躾により善悪が把握できるマインド、それに基づき、自他をコントロールするマインド。それだけにとどまらず、インナーチャイルドやシャドーもエゴの一部と考えます。

そして、再誕生ヒーリングでは、エゴ＝マインドにコントロールされて行動する人格として登場いたします。

登場人物２＝インナーチャイルド

インナーチャイルドとは、直訳すると「内なる分身」。私たちがどんなに歳を重ねても内面に存在する子供のような自分。再誕生ヒーリングでは、このインナーチャイルドもエゴの一部として登場します。

ヒーリングでは、傷ついた子供の心とも表現され、癒される対象ともなります。私たちは皆、幼少の頃、なんらかの傷を体験しながら成長し、成人した後にこのインナーチャイルドが癒されていないことで、様々な人生の障害を体験していくこととなります。一般的には、あまり見たくもない存在ですが、再誕

生していくためには必要不可欠な存在です。

私はヒーリング·プラクティショナーとして、この20年の間に2万5千件以上のセッションを行ってきましたが、幼少の頃になんの傷も負っていない人を一人も見たことはありません。大きなトラウマから小さなトラウマまで、個人差はありますが、幼少のトラウマにより苦しんでいる人たちが多いのが現状です。逆に言うと、私たちが癒されるために必要なのは、まだ癒されていない傷でありトラウマです。トラウマがあるということは、その傷がまだ癒されていない未解決な状態を表します。

ただ、実際は、マインドのエゴがこの傷をコントロールにより隠したり、無視したり、拒絶したりすることで対処したと思い込んでいるのが現状です。

そして、再誕生の時期になると、今までマインドのエゴにより隠してきたトラウマが徐々に浮き彫りになります。

最近は、特に、前代未聞の自然災害やパンデミックなどにより、私たちを強制的に「目覚め」させる要素が多いために、パンドラの箱が開けられ、蓋が吹っ飛んでしまいました。つまり、臭いものには蓋をして生きてきたものの、これからは蓋がなくなってしまったために、強制的に対応せざるを得ない状況となったのです。

これも、私たちがエゴから解放され、再誕生するために。

そして再誕生する対象は、エゴの一部である、このインナーチャイルドなのです。インナーチャイルドは決して見たくない存在ではなく、自由に羽ばたいていくのが、このインナーチャイルドなのです。

登場人物3＝シャドー

シャドーとは影の部分。そして、闇とも呼ばれる存在で、これも実はエゴの一部です。そして再誕生ヒーリングでは、このシャドーは、トラウマから癒されていないインナーチャイルドが豹変してしまった存在として登場します。

一般的には厄介者と呼ばれる存在として扱われるために、マインドのエゴが最も嫌う対象です。前もって伝えておきますが、誰の中にでも存在するこのシャドーが出る際に、ものすごく自分が嫌になります。

その理由は、このキャラクターが登場すると、マインドの頭ではコントロール不可能な存在となるからです。ブチ切れ症候群に陥っているのは、シャドーが登場する時です。マインドのエゴからすると、このシャドーは自分の内面に潜む悪魔としても表現されます。OUT OF MIND してしまったクレイジーなキャラクターもこのシャドーです。凶暴者、犯罪者も、本来の自分を忘れてしまい、マインドのコントロールが利かなくなっ

たシャドーの仕業です。

再誕生ヒーリングでは、インナーチャイルドがシャドーに豹変してしまう前に、インナーチャイルドを癒して救ってあげるステップを歩んでいきます。たとえ、シャドーに豹変してしまったとしても、シャドーをインナーチャイルドに戻してあげることは可能です。ただ、これは必要なステップを踏んでいただかない限り、救えません。

マインドのコントロールでは、このシャドーは消せません。追い出すこともできません。シャドーとの闘いに勝つこともできません。だからこそ、次の登場人物が必要となるのです。そのキャラクターのみが、シャドーと向き合うことが可能なのです。

また、これは聞きたくない、知りたくない情報かもしれませんが、誰にでもこのシャドーは存在するのです。特に、「風の時代」には、このシャドーまでもが目覚めます。そして、光り輝く本質へと目覚めて再誕生するためには、このシャドーの存在が必要となるのです。

登場人物4＝マスターガイド

マスターガイドとは、あなたの魂を、魂が生まれた場所へと帰還するために必要なガイドです。単なるガイド＝道案内ではなく、すでに魂が帰還し、昇天したマスターガイドです。昇天

とは、アセンション＝次元上昇のこと。よくアセンデッド・マスターと表現されますが、どの文化にも、必要な場所にアセンデッド・マスターたちが現れることで、導かれた魂たちが昇天の儀を実践されました。

再誕生は一人ではできません。そして、今まで守ってきたマインドによるエゴは再誕生のお手伝いもできません。インナーチャイルドもやり方を知らないために、自分一人で再誕生することはできません。

光り輝く本質へと帰還する準備のできた魂の元へと、マスターガイドは現れます。これに気づくか否かは個人次第ですが、これは覚えておいてください。

シャドーが内面から目覚めて起き上がってくることで、今までの防御が利かなくなります。そんな時に、「助けて！　どうしたらいいのかわからない」と、コントロールを失って戸惑っているインナーチャイルドが助けを求める存在がマスターガイドです。

でも、ほとんどの方は目には見えないために、その存在を知りません。そんな時に必要なのが再誕生ヒーラーです。

再誕生ヒーラーにより、暴走し迷走しているシャドーと、迷

子になっているインナーチャイルドをマスターガイドにつなげ、マスターガイドによるガイダンスをもとに、光り輝く本質へと再誕生するレシピを編み出していくのです。

登場人物5＝ハイヤーセルフ

ハイヤーセルフとは高次元の自分と表現されます。これも目には見えない存在ですが、ハイヤーセルフとは一体誰なのか？

再誕生ヒーリングでのハイヤーセルフの定義とは、マスターガイドにより守られ、支えられ、導かれ、愛されることで癒されていくインナーチャイルドの将来の姿です。つまり、すでに癒されている将来・未来のあなたの姿です。

私が二度目の臨死体験で、黄金の光の輪の中に手を入れようとしたその直前で、「IT'S NOT YOUR TIME!!! 」＝まだ、ここに来る時期じゃない！！！　って言ったのは、私の未来の自分であるハイヤーセルフです。

✦あなたは何者？

今まで自分だと思い込んでいた自分が、本来の自分ではなく、インナーチャイルド、シャドーが隠されていたマインドが創造した『エゴ』という存在であることがわかりましたね。

今まで一生懸命、勉強して、努力して、世で成功するために頑張ってきた方にとっては、今までの苦労が水の泡？　と思ってしまうかもしれません。と、言うのも、こうして確立された存在がエゴであり、それは偽りの自分であることに気づかされるからです。

そして、自分の本質は『魂』だと言われても、目には見えないことで、イマイチ、ピンときませんよね。

エゴという偽りの存在の中に隠れていたインナーチャイルドも本来の自分ではなく、そのインナーチャイルドが豹変してしまうシャドーは、クレイジーという別名を持ちますが、これも本来の自分ではありません。

と、いうことで、再誕生ヒーリングに望む勇敢なあなたの魂に名前を提供いたします。

それは、SEEKER。

SEEKER（＝シーカー）とは、あなたが生まれてきた本当の

理由、宇宙の仕組み、真実、本来の自分の本質を探求する者。あなたが生まれ変わるまでは、SEEKERとして、再誕生するための過程を歩み出しましょう。

再誕生ヒーリングでの理想とは、マインドのエゴがコントロールを完全に失ってシャドーが出てしまう前に、インナーチャイルドとマスターガイドをつなげておくこと。そして、ハイヤーセルフと統合していくことで、マインドのエゴが自然と小さくなっていくのです。ハイヤーセルフもどんどん進化していくことで、その延長線上に存在するマスターガイドと融合していくのです。

あなたの最終目的は、マスターガイドと融合し、魂が地球からアセンション（＝次元上昇）の旅を迎えること。あなたの魂がアセンデッド・マスターたちの住居に帰還することです。

５つのキャラクターを蝶々の人生として例えるとこのように説明できます。

5つのキャラクターの図

今までの自分＝芋虫だと思い込んでいた自分

マインド＝さなぎの殻

インナーチャイルド＝幼虫がさなぎの中に入った状態

シャドー＝さなぎの中でグチャグチャになっている状態

再誕生の合図＝殻に亀裂が入りもがいている状態

ハイヤーセルフ＝蝶々

マスターガイド＝蝶々が羽化昇天

おまけのメッセージ

感情のお手洗い行ってますか？

あなたは「感情のお手洗い行ってます？」って、今まで聞かれたことはありますか？
そうなのです。感情とは、私たちが食事をして排泄するのと同様、トイレで排泄することが必要なのです。このことを知らないと、躁と鬱を繰り返してしまうこととなるのです。

躁＝不安感と鬱の関係って知ってますか？
最近では、不安症と鬱を繰り返す人が多くいます。再誕生ヒーリングでは、鬱の状態を生み出してしまうのは、マインドによるエゴのコントロールだと説明します。

今までは、我慢することで、感情が浮き彫りになることを防ぐことができました。でも、再誕生の際には、パンドラの箱が開いてしまったことで、感情を封じ込めていたマインドのコントロールができなくなりました。あまりにも長いこと感情に蓋をしていると、その結果、感情を全く感じない状態、つまり、鬱の状態を引き起こします。

不安症は、コントロールできなくなった感情が浮き彫りになり、

それをさらにコントロールしようとすると、みぞおちに圧力、圧迫感を感じることで生じます。

これを、ちょっと異なった観点からわかりやすく説明します。再誕生ヒーリングでは、感情を重視します。癒されるために必要なのはインナーチャイルドが体感する感情です。私が在住しているアメリカでは、日本に比べると、感情を自然に表現することに慣れています。感情は怖いものでも、悪いものでもなく、私たちが食事をして、排泄するのと同様、人間として当たり前のエネルギーとして扱います。

EMOTION（感情）＝ ENERGY in MOTION

感情とは英語でエモーション。つまり、エネルギー＝ ENERGY が動いている＝ MOTION のこと。

再誕生ヒーリングでは、感情との向き合い方を「トイレ・トレーニング」として紹介します。

アメリカでは、感情を感じたらどうしますか？　という質問に対し、80％が感情表現をすると答えます。これは、過剰反応として表現されるのですが、「声をあげて表現する」、「泣きながらうったえる」、「泣きじゃくる」、「あたる」、「怒鳴る」こと

で排泄されます。感情が排泄される際には口から出ます。感情を吐き出すことで､スッキリするのです。感情の爆発とは､シャドーが**感情の下痢**状態を引き起こしたとも言えるのです。

日本では、幼少の頃から、感情をありのままに表現することははしたない、恥ずかしいこととして躾をされる場合があります。特に、私が生まれ育った東京ではそうでした。他の県ではわかりませんが､80％の日本人が､感情を感じたら、我慢する、のみ込む、無視をする、大丈夫なフリをするなど、感情のお手洗いに行かないと答える方が多いのです。

鬱の状態とは、このエネルギーの流れを止めてしまう状態。つまり、**感情の便秘**です。

目には見えない感情の胃袋が存在するって知ってましたか？これはみぞおちのあたりに存在するのですが、許容量があるために、しばらくするとエネルギーがたまり、いずれ排泄しなければならないのです。これを我慢したり、コントロールしたりし続けることで、圧力･圧迫感は次第に大きくなり、人間の構造上、強制的に排泄されることとなるのです。その際に、過剰反応として口から吐き出されます。これが感情爆発であり、感情の下痢状態です。

再誕生ヒーリングでは、**『感情のトイレ・トレーニング法』**を学んでいただきます。

性格にもより､異なる方法でトレーニングしてもらうのですが、涙とは感情のおしっこなのです。だから、涙を流すことは体にとっては感情の毒素が排泄され、浄化されることなので、とてもポジティブです。泣く、泣きわめく、声をあげて怒鳴る、あたるとは、一般的にはネガティブではしたないことと思われますが、再誕生ヒーリングの中では、ポジティブな方法で感情を浄化いたします。

これからの時代、我慢すればするほど、感情の爆発度合いは大きくなります。感情を抑えられない時には、ちょっとしたことでも爆発することになり、その結果、クレイジー＝狂ってしまうと批判されることとなってしまいます。

こうして口から排泄されれば、まだましで、これができない結果はどうなってしまうかご存じですか？

これは､好ましくないのですが､体内で感情爆発を起こします。それは、皮膚疾患、関節炎、腫瘍を生み出してしまう原因ともなり得るのです。

最悪な場合には、心臓発作、心筋梗塞、脳卒中、脳溢血などをも引き起こしてしまいます。

つまり、再誕生ヒーリングの感情のトイレ・トレーニングを定期的に行うことで、病を未然に防ぐことも可能なのです。

最近、皮膚疾患やアレルギーを引き起こしている方々がとても多くみられます。これも長年の感情毒素がたまりにたまって表面化し、浄化されようとしている証拠です。
実は、この私も10代の頃からアトピー性皮膚炎、関節炎、20代では化学薬品過敏症、アレルギー、リーキーガット症候群、乾癬とよばれる皮膚疾患に悩まされました。これも私が感情毒素を排泄する方法を学んでいなかったからです。

あなたはちゃんと、感情のお手洗いに行ってますか？　その方法を知らない方は、この機会にポジティブな感情のお手洗い方法を学んでおきましょう！

再誕生ヒーリングのプチ・ワーク１
あなたの感情トイレ・トレーニング

Q. あなたの感情のトイレ・トレーニングはなんですか？

ストレスを感じる際に、あなたが無意識にとる対処法は何でしょう？

一般的には、３つの行動を行います。

例えば、まずは、①我慢する、その後、②感情爆発する、そして、③自分を責める……など。

○我慢する
○無視する、何も感じないようにする
○泣く、泣きじゃくる
○すねる
○人や物にあたる
○反抗・反発、喧嘩する
○感情爆発（怒鳴る、暴言を吐く）する
○わかってもらうまで、とことん話し続ける
○不平不満や文句を言う
○運動する

○依存物質（砂糖菓子、タバコ、お酒）に頼る
○依存行動（衝動買い、趣味や仕事に没頭、逃避）に走る
○人のあら探しをする
○自分、もしくは他人を責める
○どんなことがあろうとも、人生を肯定的に見ようと努力する

○その他　＿＿＿＿＿＿＿＿＿（爪を噛む、髪を抜いてしまう…等）

1　＿＿＿＿＿＿＿＿＿＿＿＿＿＿

2　＿＿＿＿＿＿＿＿＿＿＿＿＿＿

3　＿＿＿＿＿＿＿＿＿＿＿＿＿＿

このワークでわかることは、ストレスを感じるたびに、無意識にこれらの一連の行動を行ってしまうということ！

これがあなたの習慣や癖であり、あなたの感情のお手洗い方法なのです。

この後に問いかける大切な質問があります。その大切な質問はP.136 をご覧ください。

再誕生ヒーリングの過程

✦人生を変える魔法のセッション

ここから、再誕生ヒーリングの過程を紹介していきますが、まず、質問です。

あなたは、家の建て方を知ってますか？

トンカチと釘と木を与えられたら家を建てられますか？

どんなに素晴らしい大工も、青写真がないと家は建てられません。そして、その青写真を作成するのは建築家です。

何事もそうですが、再誕生ヒーリングを体験するにも過程があり、それぞれの過程にも順序があります。土台もなしに、いきなり屋根をつくることは不可能です。

では、再誕生していくためにはどのような過程があり、どのようなステップを歩んでいくか想像できますか？

We cannot Create anything what we cannot imagine!
想像できないものは、創造することはできません！

再誕生ヒーリングのクリエイターである私が言うのも変ですが、再誕生ヒーリングの初めの３回セッションは、正直、人生をガラッと変えてくれる魔法のセッションです。

ただ、前にも述べたように、これは私のマインドであるエゴがつくったわけではなく、宇宙から、そして、未来の次元から届けられたヒーリング技法であり、秘技です。

ここでは、３回の再誕生ヒーリング・セッションを、再誕生ヒーリングの目的と共に、軽く紹介いたします。

人生を変える魔法のセッション1

1）愛情に満ちた人生へとリニューアルするための青写真をつくり、それまでの恐怖に基づいた人生から卒業し、豊かさを軸にした人生を歩もう！

今まで一生懸命、『他人軸』に電源を入れて頑張って生きてきたことで、自分が本当に望んでいるものを見失っている人が多くおられます。再誕生ヒーリングでは、光り輝く本質へと目覚めて再誕生していくための青写真を作成していきます。ここでは、内なる自分であり、感情を抱くインナーチャイルドを『自分軸』として、まずは、自分の理想を書き出してもらいます。

これはとっても重要な過程であり、第１回目のセッションは、「風の時代」をスムーズに歩むためのオリエンテーションを行います。

「風の時代」とは、まるで日本にいながら海外留学を体験するほど、今までとは大きく異なるのです。今まで良かれと思って行動したことが通用しなくなります。

地震による避難訓練も、最近の前代未聞と呼ばれる巨大地震に備えアップグレードされました。つまり、今までの守り方では、守れなくなるのです。

ただ、その前に、『他人軸』として生きてきた結果、どのような悪循環で人生を送ってしまったのかを、5人の登場人物を紹介しながらお見せします。

これにより、あなたが今までどのようにストレスを解消してきたのか、または、ストレスを解消せずに生きてきたのかがわかります。また、いかに、マインドによるコントロールにより、苦しみや悲しみ、怒りを生じてしまったのかがご覧いただけるでしょう。

その上で、まずは、『自分軸』による理想を書き出してもらいます。これができたら、今までの避難訓練ではなく、平和をもたらす平和訓練＝ピース・ドリルを編み出していきます。

2）他人·周りに依存する『他人軸』の生き方から、本来の本質へと目覚めるために『自分軸』を取り戻し、本来の本質である内なるパワー『宇宙軸』とつながる決断をしよう！

マインドのコントロールによる人生の終着駅が、悲しみ、不幸、行き詰まり、苦しみ、怒り以外の何物でもないことがわかった後で、リニューアルしたい青写真をもとに、光り輝く本質へ目覚めることがどのような過程を踏んで達成できるかをご覧いただきます。

ここで、あなたの中に長年隠れていたダイアモンドの原石のありかを紹介し、この原石を磨き始めるワークのお膳立てをするのです。

そして、再誕生していくために必要な『宇宙軸』とどのようにつながっていくのかもお見せいたします。

人生を変える魔法のセッション2

3）自分の性質・性格を学び、陰陽統合に必要なパートナーを見出し、人生の課題を見出すことで人生の清算を加速しよう！

私たちは大きく分けて16の性格に分類されます。この16の性質に誕生石の名前をつけて『**あなたを光り輝かせるための魔法の宝石テスト**』と名づけました。この宝石テストの性格判断により、あなたの性質・性格を確認し、あなた特有の幸せの定義とストレス解消法がわかります。

それと同時に、光り輝く本質へと再誕生していくあなたにとって必要なソウルメイトを編み出します。これを知っておくことで、陰陽統合していくために必要なソウルメイトと、コミュニケーションとコネクションの仕方も学んでいただきます。

第2回目のセッションを受けていただいた方々からは、「な

ぜ、この情報を今まで知らなかったのか」、「なぜ、これを学校で教えてくれないのだろう」という声が届くほど、このセッションはあなたの人生の質を劇的に変換してくれます。

人生を変える魔法のセッション３

４）人生のリニューアルに不要な課題と要因（＝あなたの人生を狂わせるコンピューター・ウイルス）を発掘し、変換しよう！

第３回目のセッションは、私が個人的に「カゴメセッション」と呼んでいるもの。
『カゴメ歌』の暗号をもとに、潜在意識とその裏の無意識の領域に潜むコンピューター・ウイルスを発掘します。
頭ではわかっているのに、どうしても体がついてこない……という体験をしていませんか？

わかっているのにできないもどかしさを感じているとしたら、これはあなたが悪いのではなく、あなたがダメなのではなく、潜在意識の「裏」に隠れているコンピューター・ウイルスの仕業です。コンピューター・ウイルスとは、その名の通り、コンピューターに入り込み、画面をフリーズさせたり、動きを遅くしたりと、イライラの原因をつくり出します。

私たちの体もコンピューターのようなもの。その中にウイルスが入り込むことで、障害をもたらし、イライラ、悲しみ、苦しみを生じることとなります。ただ、このウイルスは無意識ですが、マインドによるエゴが生み出してしまったものです。そして、厄介なことに、これは絶対に自分一人では見つけることができません。だからこそ、再誕生ヒーラーが必要となります。

再誕生ヒーラーの私が探偵役、ガイド役を務めることで、あなたがこれまで気づかなかったウイルスを発掘していきます。

発掘したら、ただ解除するだけでなく、光り輝く本質へと再誕生していくための新しいプログラムを入力します。

これを知らないと勿体ない。でも、今、このことを知り、ウイルスを変換し、新たなプログラムを入力しておくことで、今後の人生の質は月とスッポンの差が出てきます。これを理解できて初めて、今まで良かれと思っていたことが、無意識にも、実は苦しみと不幸の原因をつくってしまっていたことに気づくでしょう。

そして、今までいかに恐怖に基づくサバイバル精神で生きてきたのかを再確認できます。

さらに、これには鏡の法則も当てはまりますので、人生で起こることは、全て自分で想像し、創造していることに気づかされることになるのです。

この法則を理解すれば、**サバイバル精神**から卒業し、ゆとり、安定と豊かさをもたらす**スライブ精神**に基づく歩み方へと移行することが可能です。

5）これからの時代をスムーズに歩むためのプログラムをアップグレードしよう！

携帯やコンピューターのアプリもそうですが、数年ごと、または毎年、アップグレードすることが必要です。「土の時代」で使用していたプログラムは、「風の時代」では効果を発揮いたしません。

上級編で学ぶ再誕生ヒーリングの秘技では、今の時代にマッチしたシンボル、聖音、ムドラ（印）も取り入れた呼吸法、瞑想法を伝授します。これにより、ダイアモンドの原石をキラキラと輝かせるのです。

6）人生の課題と向き合い、恐怖と執着から解放されることで、新たなバランスと調和、平和をもたらし、より素晴らしい地球人・人生のパートナー、親になろう！

「風の時代」のオリエンテーションを受け、改めて自分を知り、あなたの長所・短所を知り、あなたが再誕生するために必要なパートナー、ソウルメイトを知り、統合のためのコミュニケーションとコネクションの仕方を学ぶことで、よりよい自分へと成長していきます。

これは、メンタル面、感情面と霊性面においても成長し、その結果、肉体面にも反映してきます。三位一体へと統合するからこそ、安心立命の境地へと到達することができるのです。

7）『宇宙軸』とつながることで、第7感＝宇宙と交信できる能力を高め、進化～神化していこう！

『他人軸』でも『自分軸』でもない、『宇宙軸』とつながることで、直感を超越した第7感を養うことが可能です。このコネクションが強まることで、マスターガイドとの交信が早まり、高まり、どんどんと進化、神格化する高速道路へ導かれます。マスターガイドによる叡智を授かることで、人生においてワイズ（賢明）な選択ができるようにもなります。人生の波に乗り、波動を高め、高め続けることが可能となるので、物事もスムーズに進み、シンクロ・引き寄せの法則も加速していくこととなります。

8）再誕生により、魂の長い歴史に終止符をうち、輝かしい光となって帰還しよう！

ここまで来ると、あなたがこの地球に生まれてきた理由、使命・天命も把握し、それを実践することで、その延長線上にある、魂としての最終目的地へとまっしぐらです。

人生を変える魔法の再誕生ヒーリングで２つのLIGHTになろう！

通常、この再誕生ヒーリングの第１回目のセッションでハッと目が覚め、第２回目のセッションで目から鱗がおち、第３回目のセッションで、第１回目の覚醒が体験されます。

それ以降のセッションでは、覚醒していくために必要な情報が降ろされることで、それを実践していきます。

しばらくすると、光り輝く魂として、**LIGHT（軽くなり）でLIGHT（光）**になっていきますよ。

つまり、あなたの中に長年隠れていたダイアモンドの原石がキラキラと光り輝きはじめるのです。

世の中と人生の仕組みを知りたい方にとっては、とても貴重で斬新なヒーリング法となります。

おまけのメッセージ

「風の時代」の避難訓練？

東京で生まれ育った私は、幼少の頃から学校で地震の避難訓練を実践してきました。年に数回行われる避難訓練ですが、これはなんのために行われるかご存じでしたか？

私がこの事実を知ったのは、アメリカでの地震体験によるものでした。かれこれ20年前になりますが、滅多に地震のないオレゴン州ポートランドで地震が発生したのです。その当時、ダウンタウンのオフィスで働いていた私は、珍しい揺れに驚きました。誰かが、「地震だ」と叫んだ瞬間、私は咄嗟に机の下に隠れました。そして揺れが鎮まった後、机の下から出ると、70名ほどの社員たちは誰一人としてオフィスの中にいなかったことに気づきました。

幼少の頃から地震の避難訓練に慣れていた私は、正直、アメリカ人は地震対策をわかってないんだなって思ったものです。地震の際にはすぐに外に出ちゃダメと教えられていた私は、考えることもなく、咄嗟の行動で机の下に隠れました。

私は外に出ると、外で集まっていたアメリカ人社員たちに向かってこう言ったのです。「地震が来たら、すぐに外に出ちゃ

だめなんだよ。まずは地震が鎮まるまで机の下に隠れなきゃ」って。そうしたら、その中の一人がこう言いました。「ヒロコ、この建物、築200年のレンガ造りって知ってる？　何かあったら、この建物崩れるかもよ。逆に中にいたら危険だよ！」って。

そこでハッとしたのです。私は、そんなこと考えもしませんでした。では、なぜ、咄嗟の判断で机の下に隠れたのか？

それは習慣の癖です。
何度も避難訓練を行ったから、体が覚えていることを行っただけなのです。地震があったことの驚きで、何が正しい判断かを頭で理解する余地もありませんでした。その時に生まれて初めて避難訓練の本当の目的がわかったのです。避難訓練って頭のために行うわけではないことを。

人間には３つの異なる脳があります。頭で考える思考脳、感情を感じる感情脳、そして緊急事、恐怖を感じる際に活発となる動物的なリアクションを起こす爬虫類脳。

何度も避難訓練してきた私は、「なんでこんな頻繁に避難訓練を行わなきゃいけないんだろう、もう頭でわかってるのに、正直、何度も行っている避難訓練なんて時間の無駄じゃない？」って思っておりました。ところが、実際に地震などのショックを

体験すると、思考脳はポーンって飛んでいってしまうのです。ショックで何も考えられなくなるのです。
すると、人間の爬虫類脳は、性格により異なりますが、戦うか、逃げるか、固まるか、怯えるかのリアクションを起こすのです。
でも、地震や災害の際に、戦うか、逃げるか、固まるか、怯えるかだけでは自分も周りも救うことはできません。

だからこそ、思考が働いている時に、同じことを何度も繰り返し行って訓練することで、緊急時に自然と体が反応できるよう訓練するのです。

この心理を悟った私は、「風の時代」に起こり得る災害に向けて、恐怖による避難訓練ではなく、平和と安定をもたらすための**平和訓練＝ピース・ドリル**を再誕生ヒーリングの中で習得できるように取り入れました。

それも、個人の性格・性質にマッチした平和と安定をもたらす**『ピース・ドリル』**を一緒に編み出し、頻繁に練習していただきます。ここで伝える災害とは、地震、噴火、火災、洪水などの自然災害だけにとどまらず、感情爆発、不安感、恐怖症、ショック、トラウマによるフラッシュバックやパニックも含みます。

ここで、《再誕生ヒーリングのプチ・ワーク１》の後に確認し

ていただく大切な質問です。それは、

今までのあなたの感情ストレスの対処法を行った後、心にも精神にも平和をもたらしておりますか？

ほとんどの方は、「そう言われれば、100％完全にスッキリトイレに行けていないかも！」と、いうことに気づくでしょう。

そして、再誕生しなければ、これからも同じパターンを永遠に繰り返してしまうことに気づくでしょう。

あなたは、そのままでいいですか？　それとも、心にも精神にも平和をもたらして、どんなことがあろうとも『平和』をもたらすトレーニングを行いたいですか？

余談ですが、日本でも、2011年の東日本大震災以来、時と場合によっては、すぐに外に出るほうが安全だと避難訓練が見直され、前代未聞の体験をする今の状態に見合うよう、避難対策もアップグレードされたようです。

✦再誕生のためのツールとレシピ

日本神話にも登場する**『三種の神器』**はご存じですか？

天孫降臨の際にアマテラス大神がニニギノミコトに授けた宝物で、八咫鏡（やたのかがみ）、草薙剣（くさなぎのつるぎ）と八尺瓊勾玉（やさかにのまがたま）の３種類の宝物のことです。令和の天皇即位礼正殿の儀式でも登場しましたが、覚えていますか？

この『三種の神器』とは、「風の時代」、魂が再びアセンション（次元上昇）をして天に戻る際に必要な、宇宙から与えられたツールでもあるのです。実は、P.61 でご覧いただける瑞雲により、光の『三種の神器』が届けられました。

もちろん、これは実在して目に見えるツールではなく、光のツールですが、再誕生ヒーリングの養成講座でもこれらのツールの活用術を学んでいただけます。

再誕生ヒーリングで活用する光のツール：

①剣：　新たな人生の道のりを歩む際に必要な護衛としての剣
②鏡：　再誕生に必要なソウルメイトを映し出す鏡

③勾玉：　陰陽統合の際に必要な勾玉

④カゴメ歌：　コンピューター・ウイルスを発掘し、新たなプログラムを入力する際に必要な暗号

⑤再誕生呼吸法：　五行に基づく５つの呼吸法

⑥再誕生瞑想：　再誕生するために宇宙より与えられたシンボル、ムドラ（印）と聖音

再誕生ヒーリングのヒーリング、コーチングでは、これらの光のツールにより様々な好ましい変化を体験していただけます。

目には見えない光のツールですので、証明することはできませんが、再誕生のためのヒーリングで見られる変化は、神秘を生み出す錬金術のようなもの。錬金術とは、鉱石から金属や合金をつくり出すために生まれた、原始的な化学技術の一種です。

錬金術師たちは、「『賢者の石』という物質を使えば、金属を金に変えられる」と信じ、この『賢者の石』をつくり出す研究をしたそうです。この石には鉱物の元素も、金属の元素も、霊的な元素も含み、あらゆる生物のヒーリングをもたらし、健康を維持する万能薬とも考えられていました。また、『不老不死の薬』とも言われたそうです。

再誕生ヒーリングを別の見方で説明すると、前章で述べた

「トイレ・トレーニング」だけでなく、美味しい料理をつくる「クッキング・クラス」のようなものです。クッキングも、材料にスパイスを入れたり、こねたり、かき混ぜたり、温めたり、冷やしたり、煮たり、焼いたり、炒めたりすることで、美味しい料理を生み出します。これもある意味、錬金術ですよね。

再誕生していくために必要な材料とは、トラウマや未解決の課題、固定観念、恐怖に基づく感情です。そして、これらを体感するために与えられた私たちの肉体は、クッキングに使用される調理器具のようなものです。

再誕生のための材料に、エッセンシャルオイルや前述した再誕生のためのヒーリング・ツールをスパイスとして取り入れ、錬金術作用が働くことで、調理器具の中で反応を起こし、結果としてエネルギー体に変化が見られるのです。

再誕生ヒーリングでは、肉体を重視するのではなく、エネルギー体を重視します。これには思考や感情のエネルギーも含みます。エネルギー体に変化が起こることで、固定観念もくつがえされ、感情にも変化が起こり、結果として肉体面にも変化が起こります。

このエネルギーにおける錬金術の仕組みが理解できると、な

ぜあなたが、あえて肉体を持つ地球人へと転生してきたかがわかるでしょう。

材料（トラウマや未解決の課題、固定観念、恐怖に基づく感情）＋スパイス（ヒーリングのツール）＋調理器具（肉体）＝再誕生

実際のレシピは秘儀であり、個人個人で異なりますので、再誕生ヒーリングの個人セッション、グループセッション、または再誕生ヒーラー養成講座内で紹介いたします。

✦再誕生ヒーリングと『生命の樹』

あなたは、『生命の樹』って聞いたことがありますか？

旧約聖書の創世記に登場し、エデンの園の中央に植えられた木で、別名、「命の木」とも言われます。『生命の樹』の実を食べると神に等しき永遠の命を得るとされる、禁断の果実を実らせる樹としても知られます。

前述した『再誕生のツールとレシピ』でも登場した錬金術の『不老不死の薬』も、まさに永遠の命を得るためのもの。永遠の命を得ることは、私たち人間が本来の本質へと目覚め、魂として再誕生する延長線で得られるものです。

と、いうことで、『生命の樹』をつかって、再誕生ヒーリングのステップを軽く紹介いたします。

『生命の樹』を育て、永遠の命を得ることをゴールと定めると、どのようなステップを歩んでいくことになるのでしょう？

再誕生ヒーリングでは、あなたの貴重な魂のための「人生の樹」を育てるのです。

ステップ1：GROUNDING（安定）

『生命の樹』を植える前に、安定した土壌と基盤づくりが必須です。

コンクリートには種を植えることはできませんよね。

また、土は土でも汚染された土に種を植えるのか、植物がよく育つよう栄養豊富な肥料を与えた土に植えるのかで、樹の質にも大きな差が生じます。

再誕生ヒーリングでは、ヒーリングのワークを行う前に、新たな基盤づくりを行うことから始めます。地球の中心『地球軸』につながるのです。

そして、この場合の安定感は足にしっかりと力を入れるだけでは不十分です。

そこで、ステップ2が大切なワークとなります。

ステップ2：ANCHORING（軸）

再誕生ヒーリングでの安定の定義は、宇宙の源と地球の中心をしっかりとつなげた上で、肉体、精神、感情と霊性面をつなげることです。

アンカーリングとは、アンカー＝岸にしっかりと錨をつなぎ

留めること。このアンカーリングは、ステップ１の『地球軸』に、宇宙の源をつなぎ留めること。

電車やバスに乗る際に、足にしっかり力を入れて立つことで、ものすごい労力を要します。これだけでは急ブレーキがかかったり、カーブを曲がる際には体制を崩してしまいがち。

でも、つり革につかまることで、体制は少し崩れたとしても、絶対に床に転がることはありません。つり革がアンカーの役目を果たすのです。

ステップ３：PLANTING（種まき）

ここで、『生命の樹』の種を植えます。

この種は、「愛と光に満ち溢れた平和と希望の種」です。あなたも種を植える時には、どのような花を咲かせたいかによって種を選択しますよね。あなたには、その種を選択する権利が与えられているのです。決して強制されることはなく、あなたの望む種です。

再誕生ヒーリングでは、「光り輝く本質へと目覚めて再誕生していくための種」を選ぶことをお勧めいたします。

ステップ4：NOURISHING（栄養）

『生命の樹』を育てるためには、必要な水や栄養を与えることが大切です。

再誕生ヒーリングでは、実際の水分補給と健康的な食生活はもちろんのこと、毎日のトレーニングとして『再誕生のための呼吸法と瞑想』、『五行エクササイズ』を行い、波動を高め続けることを実践していただきます。

ステップ5：PROTECTING（守り）

樹を植える際には、必要に応じて添木を立てて、育てたい樹をサポートし、守ります。

再誕生ヒーリングでは、サポートと守りの体制をつくるために、大天使の力を借りた上でアセンション＝次元上昇のお手伝いをしてもらいます。

ステップ6：PRUNING（不要な要素を取り除く）

植物は植物でも、特に食材となる種を植える際には、主体となる植物を大きく健康に育てるために、プルーニングをして不要な苗を取り除く行為をいたします。

再誕生ヒーリングでも、それと同様、これからの時代を歩む

ため、光り輝く本質へと目覚めて再誕生する際に必要か不要かを見極めるワークを行います。必要か否かを定める対象となるのが、固定観念、強迫観念、恐怖に基づいた負の感情などです。

多くの方は無意識に、サバイバルのための種を植えて育てていたのです。そのために、どんなに頑張ってもなぜか報われない、なぜか苦しみ、不幸へと導かれてしまう人生を送っているのです。

再誕生ヒーリングでは、たとえ今まで、そのようなサバイバルのための種を植えて育ててしまったとしても、新しい種を植える決断をし、育てていくことが可能なのです。この「風の時代」の切り替え時には、それができる機会を与えてもらっていることに気づいてください。

過去に何が起こったとしても、これからは光り輝く人生を送る選択ができるのです。

ただ、自分では自分のことが見えにくいために、これを一人で取り除くことが難しいのです。

だからこそ、再誕生ヒーラーのサポートとガイドが必要となるのです。一緒にプルーニングを行うので安心して、楽に行えます。

ステップ7：SHIFTING　（目覚めと出産の陣痛）

時期が来ると、癒されていない未解決の課題や、トラウマがフラッシュバックとして目覚め始めます。その際には、不安の波をみぞおち辺りで感じることとなるでしょう。

これは、出産の準備が整っている証拠でもあり、陣痛の合図でもあります。

また、時には、自然にシフティングされる場合もあります。それは自然災害などにより、強制的に破壊されることもあります。これは、出産時に破水する状態とも言えるでしょう。

こんな時には、我慢する必要はないのです。我慢すればするほど、不安の波は大きくなり、次第に過剰反応やパニック障害、過呼吸を引き起こすこととなります。

再誕生ヒーリングでは、この陣痛を引き起こす前の教育・オリエンテーションとして、実際に目覚めと再誕生の陣痛の波がやってきた場合に、どのように対応するのかを前もって練習しておきます。

これこそがあなたの再誕生のためのピース・ドリルです。

個人の性質・性格により、カスタマイズしたピース・ドリルを編み出し、練習しておくことで、不安や恐怖の波が最小限に

抑えられ、安心して再誕生の出産を迎えることが可能です。

ステップ８：BLOSSOMING the FLOWER of LIFE
（『生命の樹』に華を咲かせ る）

陣痛の波を体験し、苦痛を体験した後に、生命の華が少しずつ咲き始めます。

実際に女性が出産を体験した後には、なんとも表現し難い解放感と喜びが体感されますが、それと同じです。

ステップ９：BEARING FRUITS　（生命の華の実を生み出す）

そして、再誕生ヒーリングは、生命の華を咲かせるだけがゴールではありません。

出産後に母親から母乳が出るのと同様、華が咲いた後には、そこから実がなるのです。

これは、未解決の課題に愛と光で向き合い、感情面と霊性面レベルで対応することで、精神面も高まり、脱皮をし、次元上昇していくのです。その結果、波動が高まるのです。

脱皮をするたびに生命の華の実が誕生します。

今までは、特に幼少の頃に体験したトラウマなどは、その時に良かれと思った方法で対応します。よく見られるケースは、その時の感情を、誰にも相談せずに我慢してのみ込んだり、無視したり、拒絶したり、なかったものとして対応したり、誤魔化したり……と、メンタル面で対応してしまうのです。

中には、暴言暴力により、感情の爆発を繰り返したり、暴飲暴食などの対処法で感情を抑え込んだり、未解決の課題と向き合わずに同じパターンを繰り返してしまう方もおられます。

つまり、今までは対処したと思い込んでいましたが、実は、愛と光できちんと対応していなかったことを見せてもらうこととなるのです。**フラッシュバックが起こることは、癒されていない証拠です。**また、何かにつけ**感情がトリガーされるならば、未解決の課題がまだ残っている証拠**です。

ステップ10：CULTIVATING（叡智と徳の収穫）

大きな課題が解決される際には、大きな気づきがもたらされ、解放へと向かいます。どんな出来事でも必ず癒されるため、光り輝く本質へと脱皮するために起こったことなのです。

大切なのは、何を体験したかではなく、体験したことから一体、どのように対応し、何を学んだかです。これが収穫される

ことで、知恵と叡智となり、魂にとってのご褒美となります。

日本語では「徳を積む」という表現がありますが、このステップで収穫するのも、「徳」です。私にとって「徳」とは、愛と光の貯蓄です。愛と光の貯蓄が増えることで、人生の質がどんどんポジティブに、愛に満ち溢れた人生へと変化することに気づくでしょう。

ステップ11：DISTILLING（抽出＝収穫した叡智の実践により得られる無償の愛）

再誕生していくにつれ、どんどん小さな課題までもが浮き彫りになります。脱皮する際には、玉ねぎの皮のように、初めは大きな課題が解決されることで、大きな皮を脱皮。その後には、次なる課題が出てきてそこから脱皮……と、しばらくは脱皮状態が続きます。ヒーリングとは一回、二回で完成されるのではなく、引き続き体験されることなのです。

しばらくすると、自分のことだけにとどまらず、家族間の課題や、先祖代々から受け継がれた固定観念などのヒーリングまでも行うことが可能です。

そして、再誕生ヒーリングでは、今の自分と先祖、そして過去世の課題に深いつながりがあることを学びます。つまり、過

去世で学びきれなかった課題をもとに、魂の成長にぴったりの家族をあえて選んできているのです。

最近、「子供の立場では親を選べず、親は運任せ」という概念で、日本のスラングでもある「親がちゃ」という言葉を耳にします。ただ、実は全ての魂が親を選び、納得し、聖なる契約書にサインをした上で、この地上に転生されるのです。

ここで抽出されるものは、「無償の愛」です。その無償の愛は、収穫した叡智を実践することで得られるようになります。すると、どんなことがあろうとも、何を体験しようとも、あらゆることを無償の愛情と大きな眼で見ることが可能となり、ありのままの姿を受けとめ、許すことを学びます。これができるようになると、宇宙から無限の愛があなたに注がれるのです。

ステップ12：COLLECTING the ESSENCE（永遠の命＝不老不死の霊薬を受け取る）

ここまで来ると、魂は、魂の故郷であるエデンの園へとまっしぐら。そこへ到達するゲートをくぐった後、永遠の命をいただいた状態、キラキラと研磨されたダイアモンドの状態で帰還するのです。

こうして、魂は地球上での全ての課題を終了し、地球人としての人生を卒業するのです。

＊＊＊

これが再誕生の道標です。再誕生ヒーリングでは、再誕生ヒーラーが、あなたの波動を高め、魂の成長を促進するスピリチュアル・ドゥーラ（助産師）として、コーチングとヒーリングのサポートをいたします。

おまけのメッセージ

大天使からのギフト

なぜ、私たちは過去世のことや生まれてくる前のことは覚えていないのでしょう？

証明はできませんが、魂は必ず月を通って母体に入ると言われております。
そして、大天使ガブリエルが生まれたての赤ちゃんの鼻の下に人差し指を当てると、それまでの過去世や生まれてくる前に存在していた世界のことを、全て忘れるようにできているようです。だから、私たちの鼻の下は凹んでいるとも言われます。

ただ、最近では、前世の記憶や胎内記憶をもって生まれてくる子供が多くおり、それに関して研究されている方々も登場しております。

実は、私も前世の記憶を持つ一人。私は、エジプトのファラオの時代のことを覚えています。ライオンの顔を持った男性。もう一つ、鮮明に覚えているのは、チベットの僧侶としての時代。子供時代と成人した男性の姿を覚えています。

またある時代では、母親として、6歳くらいだった息子を水難事故で亡くした記憶がありました。幼少の頃から何度も同じ夢を見て、私は実際、6～7歳の時には、水に入ることができませんでした。学校の水泳クラスの朝、熱があればプールに入れなくなることを知った私は、水泳クラスの当日は37度の熱を出すことができました。水泳クラスが終わる頃には、熱も平熱に戻ったものです。

中には、前世の記憶を持って生まれてくることもありますが、実際、このように悪夢のような人生を歩んだ魂にとっては、トラウマを覚えていながら転生することは辛いですよね。

また、余談ですが、赤ちゃんが指しゃぶりをするのにも大きな意味があります。

話すことができない赤ちゃんは、両親がそばにいないと不安になります。その不安を表現する際に泣きじゃくるのです。こうして赤ちゃんは恐怖・不安のエネルギーを泣くことで解消するのです。ただ、親指で指しゃぶりをすると、手の構造により、脳内の松果体と脳下垂体がピタッとくっついてつながることで、地球に赤ちゃんとして誕生する前に存在していた次元を思い出し、安定できると言われています。

つまり、この地球に転世した赤ちゃんは、指しゃぶりをすることで宇宙軸とつながり、感情を安定することを無意識に知っているのです。

人間の身体の構造、そして、人間として誕生する仕組みは神秘で満ち溢れていますね。

あなたも、神秘的な存在の一人であることを忘れないでくださいね。

不安の波が押しよせてきたら、あなたも試しに親指しゃぶりをしてみては！

もちろん誰にも見られない場所で（笑）。

再誕生ヒーリングのプチ・ワーク２

あなたは何重人格？

　ここであなたの『人生を変える魔法の宝石テスト』を紹介します。

　この宝石テストは、その後の人生の質をガラッと劇的に変えるほどのパワフルなワークです。

　まずは質問です。

Q.あなたは、このような悩みを抱えてますか？
当てはまる項目にチェックしましょう。

あなたの抱えている課題：

○不安感・恐怖から解放できない
○本当の自分って何？　自分のことをもっとわかってあげたい
○常に自分をダメ出しし、どうしても自分を愛せない
○どんなに頑張っても自信がつかない
○自分の才能がわからない
○頑張っているのに空回りしてしまう
○他人軸から自分軸に切り替えることができない
○批判されたくないのに、なぜか批判する人を引き寄せてしまう

○頑張っているのに、誤解されたり、認められないと感じてしまう

人間関係の課題：

○なぜか人と繋がれない
○なぜ、自分の両親を選んだのか、理由を知りたい
○自分にぴったりのパートナーがわからない
○なぜかパートナーが見つからない
○パートナーとうまくいかない
○なぜかパートナーとの会話が噛み合わない
○なぜか、いつも同じようなタイプに惹かれてしまうが後悔してしまう
○学校や仕事場などで、どうしても理解できない相手がいる
○なぜか嫌なタイプが側に寄ってきてしまう
○自分、もしくは相手が多重人格ではないかと疑ってしまう

そして、

Q. 可能であれば、下記のような願望を実現したいと思いませんか？当てはまる項目にチェックしましょう。

○不安感・恐怖から解放され、幸せな人生を送りたい！
○自分の本質を理解し、自分にぴったりの愛し方を学びたい！

○自分の幸せの定義、人生の目的を学びたい！
○自分の才能を知り、自信をつけるための自分の長所を知りたい！
○人と繋がるために、自分と相手にぴったりのコネクションの方法を学びたい！
○本来の自分を取り戻したい！
○自分を受け入れ、認めてもらう人を引き寄せたい！
○自分のソウルメイトを知りたい！

もし、一つでもチェックをした方には、ぜひ、あなたの宝石タイプを見出していただきたい。

と、言うのも、あなたの宝石タイプがわかると、あなたが『何重人格』かが判明します。

85%の人類は２重人格です。ただ、中には３重、または４重人格者もいるのです。

こう聞くと、怖いって感じるかもしれませんが、この本でも紹介したように、あなたの中にも、誰にでも、５つのキャラクターが存在するのです。

あなたの宝石タイプがわかることで、あなたの「幸せの定

義」、「人生の目的と使命」、「向いている職業」、「ぴったりのストレス解消法」、「放っておくとなりやすい病・疾患」、「ぴったりの愛情表現」、「あなたをキラキラと輝かせるためにぴったりのソウルメイト」、「あなたに必要な大天使たち」などがわかるのです。

一般的に、精神に病を抱えている方々も、実は、3重人格、4重人格の素晴らしい才能の持ち主でもあるのです。その多才に気づかず、ダイアモンドの原石を隠しながら生きてしまうことで、精神的に不安定な状態をつくってしまうのです。

でも、どんな方でも、原石を磨いてあげることで、キラキラと輝く**超人間＝スーパー・ヒューマン**にもなれるのです。

本書では、簡単に、どのような宝石タイプがあるのかを紹介いたします。

その前に、もう一つ簡単なワークを行いましょう。

再誕生ヒーリングのプチ・ワーク３

あなたはどの宝石タイプ？

まずは、あなたの大元の主軸となる宝石タイプを把握しておきましょう。

Q. あなたの大元の宝石タイプは何？

下の２つの質問から、あなたの大元の宝石タイプがわかります。

Q1. あなたはどちらかと言うと、情熱タイプ？
それとも、冷静タイプ？

Q2. そして、どちらかと言うと、合理的タイプ？
それとも、情緒的タイプ？

あなたの答えは？　＿＿＿＿＿

情熱的で合理的＝『ルビー』（赤）
情熱的で情緒的＝『サファイア』（青）
冷静で合理的＝『エメラルド』（緑）
冷静で情緒的＝『トパーズ』（黄）

あなたの宝石タイプはどれですか？

実は、この質問は、古神道の一霊四魂の教えにも繋がります。それだけでなく、私たちの魂を帰還させるお手伝いをしてくれる大天使にも繋がります。

＊情緒的で合理的　＝　ルビー（赤）

自信にあふれているあなたはみんなのリーダータイプです。

実行・実践・行動し、ゴールを達成する事を人生の目的とします。

褒められるのが好きで、周りのために行動できる頼られるタイプですが、周りに確認をせずに自分が良かれと思って行動してしまうことで距離を置かれてしまう可能性も。

行動する前に、周りに許可を得た上で行動する練習をすることが統合の秘訣です。

＊情緒的で情熱的　＝　サファイア（青）

とっても楽観的で、話し上手で笑わせることが好きなあなたはエンターテイナーのタイプです。

愛し、愛され、深い絆を結ぶことを求め、感情を分かち合

う、癒す、助ける、無償の愛を求めるのが人生の目的です。

時には自己中心的になって周りの話を聞くことを忘れてしまいがち。
周りの話を聞いて理解してあげる練習をするのが統合の秘訣です。

＊冷静で合理的　＝　エメラルド（緑）

とても真面目で冷静で、どんな時にも頭をフル回転させて問題を解決してくれる頼れるタイプのあなた。

新しいことを学ぶこと、知恵を働かせて問題を解決すること、自分の能力を高めることを人生の目標とします。

一人でも行動できるので一匹狼タイプになりがちですが、内面はとても繊細です。

たまには人に頼ってもいいですよと許可を与えてあげることが統合の秘訣です。

＊冷静で情緒的　＝　トパーズ（黄）

聞き上手で常に周りのためを思って行動する優しいタイプのあなた。

調和・協調性・安定・秩序を重視、周りのため、世界平和のために尽くすことを人生の目的とします。

平和・調和をもたらすサポートをし、温かく守ってガイドしてくれるので、周りからついつい頼られがち。

そして、他人軸のためにお人好しで、頼まれると嫌と言えずに苦しんでしまうことも。周りのために自分のバランスの境界線を引いてあげる練習をするのが統合の秘訣です。

あなたの大元の宝石タイプがわかると、より深くあなた自身のことを知りたいって思うはず。

こちらのQRコードで33の質問表をダウンロードしていただき、実際に宝石テストを行ってみましょうね。

赤　＝　ルビー
赤青＝　ラピス

QRコードは(株)デンソーウェーブの登録商標です

赤緑＝　アレキサンドライト
赤黄＝　ガーネット

青　＝　サファイア
青赤＝　アメジスト
青緑＝　ターコイズ
青黄＝　アクアマリン

緑　＝　エメラルド
緑赤＝　タンザナイト
緑青＝　ロイヤルブルームーン
緑黄＝　ペリドット

黄　＝　トパーズ
黄赤＝　ピンクサファイヤ
黄青＝　オパール
黄緑＝　ムーンストーン

これらの16の宝石タイプにより、性格が形成されてきます。

そして、自分のタイプがわかることで、ご両親、ご兄弟・姉妹、人生のパートナー、子供、友人、職場の上司や同僚なども理解できるのです。

より、詳細を学びたい方のために、6回コースのオンライン・プログラムもございます。詳細はこちらのQRコードからどうぞ。

再誕生ヒーリングのプチ・ワーク4

再誕生のための5つの呼吸法

再誕生ヒーリングのセッション内では、5つの要素を用いた呼吸法を活用いたします。

実際に出産のための陣痛の際には、フェルナン・ラマーズが提唱したラマーズ法とも呼ばれる呼吸法が有名ですね。

ヒッヒッフーの呼吸でお馴染みの特有の呼吸法により、陣痛の苦しみが軽減されることから心理的無痛分娩法とも呼ばれております。

それと同様に、私たちが再誕生する際にも、目的別に編み出された特有の呼吸法を活用することで比較的に楽に再誕生を促すことが可能です。

ここでは、その5つの呼吸を簡単に紹介いたします。目で確認したい方は、『再誕生ヒーリング』のYouTubeチャンネルで

も後述の呼吸法動画が投稿されておりますので、視聴しながら行ってみましょう。

QR コードからもご視聴いただけます。

～水の呼吸法～

水の呼吸はエネルギーの調和をもたらすための呼吸法で、最も簡単で、最も安全な呼吸法です。

基本は４秒かけて鼻から息を吐き出し、
４秒かけて鼻から吸う呼吸を１セットとし、
最低７回、もしくは９回行います。

目的：エネルギーをリセットし、自律神経の調和をもたらすためにいつでも行えます。

～土の呼吸法～

土の呼吸はエネルギーを安定させるための呼吸法です。

基本は４秒かけて鼻から息を吐き出し、４秒息を止め、
４秒かけて鼻から吸い、４秒息を止める呼吸を１セットとし、
最低７回、もしくは９回行います。

2分以上行う必要はありません。

目的：エネルギー安定のため、水の呼吸の後に行うことをお勧めします。それにより、より深いリラックス効果が感じられますよ。

～木の呼吸法～

木の呼吸はエネルギーを高めるための呼吸法です。

基本は4秒かけて鼻から息を吐き出し、
4秒かけて鼻から吸い、
4秒息を止める呼吸を1セットとし、
最低7回、もしくは9回行います。

ワルツのように、1（吐く）、2（吸う）、3（止める）のリズムで行います。木が空に向かってそびえるように、顔を45度斜め上に向けた状態で行ってみましょう。
2分以上行う必要はありません。

目的：エネルギーや感情が落ちている時などに行うことでエネルギーの波動を高めるため。

～火の呼吸法～

火の呼吸はみぞおちに滞ったエネルギーを動かし、排泄へと促すための呼吸法です。

みぞおちをポンプ代わりに、鼻から力強く、９回空気を押し出します。

その後に、目を閉じて、３～５回、深く鼻から深呼吸をします。

これを１セットとし、あと２回、合計３セット行います。

この呼吸法の後には爽快感を感じるはずです。エネルギーが活性化されるために、朝に行うことをお勧めいたします。

自分で練習する際には、初めての方は空気を押し出すのは５回からはじめ、その後、10回に増やし、慣れてきたら20回と増やしてこの呼吸法に慣れてもらいます。

行う際には３セットで十分です。
一度に１分以上続けて行う必要はありません。
目的：体内に滞ったエネルギーを動かし、排泄へと促すため。
また、脳を活性化し血液、リンパ、神経の流れを促すため。

～風の呼吸法～

風の呼吸は余分なエネルギーを解放するための呼吸法です。

基本は８秒かけて口から息を吐き出し、
４秒かけて鼻から吸い
４秒息を止めます。

これを１セットとし、
最低７回、もしくは９回行います。

２分以上行う必要はありません。

目的：余分なエネルギーを解放し、落ちつかせるため。

＊＊＊

再誕生の準備のためにも、これらの呼吸法を定期的に行っておきましょう。

動画をご視聴しながら練習し、一緒に行ってみましょう。

スピリチュアル・ジャーニーのまとめ

光り輝くダイアモンドとして生まれ変わるためのあなたの道標

いかがでしたか？　今までのエゴが主体の自分から卒業し、魂を主体とし、リニューアルしていくあなたの未来が少しでもご覧いただけましたでしょうか？

ここでは、まだ、明確に将来設計が見えない方のための再誕生ヒーリングのまとめです。

◆人生を変える魔法のセッション１＝魂の新化のため

ステップ１：GROUNDING（安定）
ステップ２：ANCHORING（軸）
ステップ３：PLANTING（種まき）
ステップ４：NOURISHING（栄養）

＊５つのキャラクターの紹介

今まで誰があなたを苦しめていたのか、その原因がわかります。

＊今までの土の時代の生き方

・今まで何があなたを苦しめていたのか、その原因がわかります。

・今までの感情のお手洗い法とその結果

・他人軸と自分軸の違い

＊これからの風の時代の生き方と歩み方

・魂主体が創造主としての幸せへと導く青写真の設計

・宇宙軸との繋がり

・幸せのレシピ

・感情のクッキング法

◆人生を変える魔法のセッション２＝魂の深化のため

ステップ５：PROTECTING（守り）

＊陰陽統合のための人生を劇的に変える魔法の宝石テスト

・あなたを360度見つめ直します。

・あなたの生まれもった長所と短所、幸せの定義、目的と使命、ストレス解消法を確認します。

・あなたを統合させるためにぴったりのソウルメイト

・あなたを惑わせる相手の宝石タイプもこのセッション内で見出します。

◆人生を変える魔法のセッション3＝魂の真化のため

ステップ6：PRUNING（不要な要素を取り除く）

＊人生を惑わし、狂わすコンピューター・ウイルスを発掘

今までの防衛作用では、もう、あなたを守れません

・「風の時代」の新たな防衛作用を発掘

・スピリチュアリティの逆説

・ブレイン・リワイヤー＝脳内の防衛作用を再配線

◆再誕生ヒーリングのセッション＝新たな人生へと再誕生

ステップ7：SHIFTING　（目覚めと出産の陣痛）
ステップ8：BLOSSOMING the FLOWER of LIFE
（生命の樹に華を咲かせる）

3回目のセッションを終えることで、新たな扉が開いてきます。実は、再誕生ヒーリングとは3回目以降で体験されます。言い換えると、3回目のセッションまでは、無事に、しかも楽に再誕生できるための準備期間です。

そして、魂が次のステージへと神化していくまで、このプロセスを何度か歩んでいきます。

◆神秘伝靈氣＝魂の神化のため

魂が次のステージへと神化するよう導きを受けた古い魂の持ち主であるSEEKERは、自然と、魂の昇華を求め始めます。

ステップ9　：BEARING FRUITS　（生命の華の実を生み出す）
ステップ10：CULTIVATING　（叡智と徳の収穫）
ステップ11　：DISTILLING
（抽出＝収穫した叡智の実践により得られる無償の愛）
ステップ12：COLLECTING the ESSENCE
（永遠の命＝不老不死の霊薬を受け取る）

魂が神化するためのヒーリングのツールが、神秘伝靈氣のアチューンメントとして与えられます。

①剣：新たな人生の道のりを歩む際に必要な護衛としての剣。
②鏡：再誕生に必要なソウルメイトを映し出す鏡
③勾玉：陰陽統合の際に必要な勾玉
④カゴメ歌：本来の自分へと再誕生するために必要な暗号
⑤再誕生呼吸法：5行に基づく5つの呼吸法
⑥再誕生瞑想：再誕生するために宇宙より与えられたシンボルとムドラ（印）と聖音

これらのヒーリングのツールを受け取り、活用することで、あなたがなぜ、このタイミングで、この地球上に、しかも、日本人としての肉体を選んできたのか、それらの理由を思い出すことでしょう。

おまけのメッセージ

日本語から学ぶ叡智

私はアメリカに渡ってから、漢字の素晴らしさをつくづく感じます。個人的には、日本語の漢字そのものの中に人生の叡智が込められていると感じます。

ここで紹介したいのが「必死」という漢字。

必死に歯を食いしばって頑張って、感情をコントロールしている方に大切なメッセージです。

「必死」とは、必ず、何かが死ぬと書きますね。

では、何が死ぬのでしょう？　頑張りすぎる結果、病を引き起こして肉体を死なせてしまっては勿体ない。

では、歯を食いしばって頑張る結果、感情が死んでしまったら？　それは、鬱の状態を生み出してしまいます。感情を感じなくては、人生を楽しめませんよね。

では、精神が死んでしまったら？　それは、精神の分裂を意味

します。これこそが、精神的な病を生み出してしまいます。その結果、肉体の死へと追い詰めてしまう可能性と、肉体をも病んでしまう方向へとさらなる悪循環を生み出してしまいます。

これでは苦しみ以外の何もありません。

この本を手に取り、読まれているあなたには、再誕生ヒーラーとして、こちらの「死」をお勧めします。

それは……、私たちを苦しめてしまう根本である「エゴの死」です。

と、言うのも、エゴの死の後に迎えるのが、光り輝く本来の姿への再誕生なのですから。

その結果、自然と必死に頑張ることから卒業し、楽に楽しく人生を送ることが可能となりますよ。

思い出してください。

～再誕生ヒーリングで体験する『死と誕生』～

エゴというマインドを死なせてあげると、

光り輝く本来の本質である魂が蘇ってくることを！

肉体を持ちながら再誕生させてあげることが、あなたがご自身に与えてあげられる最大のギフトです。その結果、あなたの意識が安心立命、そして極楽状態へと次元上昇＝アセンションしていくのです。

✦再誕生ヒーリングの体験談

ここで少し、再誕生ヒーリングを行うことでどのような変化がもたらされるのかを紹介していきます。

再誕生ヒーリング体験談①

体験談：再誕生しないといつまで経っても幸せになれない理由がわかったケース

宝石タイプ『アクアマリン（青・黄）』タイプのAさん。幼少の頃、お母様から言葉による虐待を受け、何をするにも自信がなく、劣等感の塊として育てられたそう。何かことあるごとにお姉様と比べられ、一人では何も決めることができず、失敗したら怒鳴られ、叩かれの人生を送ったとのこと。見た目はとても素敵なのに、笑うこともなく、姿勢も悪く、影が薄い存在に。

パートナーからも言葉による虐待を受け続けた彼女は、なぜ、自分はいつも似たような人たちを引き寄せてしまうんだろうと困惑し始めたそう。そんな時、友人の勧めで再誕生ヒーリングにお越しになりました。

再誕生ヒーリングの第一回目のセッションで判明したのは、

彼女が自分を喜ばせる人生を送っていなかったこと。彼女に理想の人生を尋ねたところ、そんなこと考えたこともないとのこと。その理由は、彼女のお母様の設定したレールの元に生きるよう、長年躾けられたことで、楽しませてあげることを学んでいなかったのです。

逆に、楽しむことがダメなことだと思い込んでいたとのこと。

とても印象的だった彼女の質問があります。彼女は私にこう聞きました。「母は我慢していればいつかは幸せになるって言っていたけど、いつになったら幸せはやってくるのかしら？」って。

第２回目のセッションでは、彼女とお母様の性格を比較するための宝石テストを行いました。

彼女のお母様は『タンザナイト（緑・赤）』の宝石タイプ。『アクアマリン（青・黄）』のＡさんと『タンザナイト（緑・赤）』はまるで真逆のタイプなのです。

真面目で、常に自分が正しいことを押し付けていたお母様は、想像力豊かで、楽しいことを重視し、自由を求めるＡさんのことが理解できなかったそう。お互いのことを100%分か

り合えるわけはなく、厳格なお母様からは常にダメ出しを喰らうことになったのです。

「これでいっか」と思える性格の持ち主であるAさんと、常に、ハードルを高く設定してしまうお母様。どんなに頑張っても、どんなに努力しても認められずに苦しい人生を送ってきました。それは、お母様が亡くなった後も続き、何をしても、彼女の脳内にお母様の声が響き続けたようです。

このセッションで、改めてAさんの性格が判明しました。お母様と真逆のAさんなのに、お母様のようになろうと偽りの仮面をかぶってしまい、辛くなってしまったとのこと。

その結果、躁と鬱の真逆のエネルギーを繰り返すことになったのです。そして、それは衝動買いと暴飲暴食という形でストレス発散することとなったのです。

3回目のセッションでは、Aさんの中に潜むコンピューター・ウイルスを発掘するワークを行い、結果として、良かれと思って行っていた彼女の行動が、彼女に対して常にダメ出しをし、暴言を吐くパートナーを引き寄せることとなってしまっていたことに気づきました。

歴代のパートナーたちはお母様の身代わりとして現れていたこと。周りではなく、彼女自身が自分を常にダメ出し、コントロールしていたことに気づきました。

これこそが「鏡の法則」です。

自分では見えない潜在意識をお母様の代わりとして、パートナーたちが反映し、見せてくれていたのです。

これに気づいた彼女は、対処法を学び、自分を楽しませてあげる許可を与える練習をし、ダメ出しの反対である「褒めてあげること」を学びました。

３回のセッションで劇的に変化し、姿勢もよくなり、友人からも笑顔が素敵と褒められるようになったそう。

再誕生ヒーリング体験談②

体験談：常に相手が悪いと思い込んできた5回の結婚と離婚を繰り返したBさんのケース

70代になって初めて再誕生ヒーリングを体験しに来た男性のBさん。アメリカでは人生において数回結婚と離婚を繰り返す方々は結構いるのですが、懲りずに5回も体験したBさん。

宝石テストの結果、『アレキサンドライト（赤・緑）』と判明した彼は、優柔不断でダメな女性を引き寄せてしまうことにイライラしておりました。彼曰く、結婚して6ヶ月くらいは良かったものの、それ以降、歴代の元奥様たちは、皆、ダメ人間になってしまうとのこと。

ただ、不思議なことに、宝石テストの結果により、面白いことに気づいてしまいました。

彼が惹かれていた女性たちは、全て、『オパール（黄・青）』タイプか、『アクアマリン（青・黄）』タイプであることが判明したのです。

第1回目のセッションでは、ストレス発散のために、相手を

責めて、ダメ出ししてしまっていたことに気づきました。もちろん、意図的ではなく無意識でしたが、常に自分を正当化してしまう彼は相手をダメにしてしまうことで優越感を抱いていたことに気づきました。

第３回目のセッションで、生まれて初めて、自分が無意識にダメ人間を引き起こしてしまっていたことに気づき、ダメだと思っていた元奥様たちは、ダメ人間ではなく、それぞれとても優しく、柔軟性があり、相手を責めるのではなく、相手を立ててくれる性格の持ち主であることにも気づいたのです。

「なんでこのことに40年前に気づかなかったんだろう？？？」

ここに気づいた彼の行動には驚くものがありました。行動力のある彼は、70歳という年齢にもかかわらず、歴代の元奥様たちに謝りました。そして、その彼の行動を快く受け入れてくれたはじめの奥さんと、よりを戻したのです。

二度と過ちを繰り返したくないと、定期的にセッションを積み重ね、相手を思いやるコミュニケーションの仕方を学んだ彼は、私にこう伝えてくれました。
「自分にぴったりの理想のパートナーははじめから目の前にいたことに気づいたよ」って。

＊＊＊

クライアントたちとのセッションで学ばせていただいたこと。

それは、再誕生するにはどの年齢でも遅くないこと。過去に何があろうとも、どのようなトラウマを抱えていても、第2、第3のやり直しの機会を与えてくれていることで、未解決の課題を解決できるよう導いてもらっていること。

それにより、脱皮をし、楽で楽しく、光り輝く人生へと再誕生することが可能なこと。

光り輝くのは人生の質だけではありません。脱皮することは、これまでのエゴの存在から卒業し、ライトボディへと活性化し、あなたの本質である魂へと誕生していけるのです。

これこそが、肉体を持ってこの地球に降り立った私たちの人生の醍醐味なのです。

この地球、しかも、日本という水も豊富で素晴らしい文化を持つ島国に転生したいと思っている魂はとっても多く、その数は、な・ん・と……10万人にものぼるとも。

この数、まだ転生せずに、キャンセル待ちの魂の数とのこと。

そう考えると、奇跡的ですよね。冒頭でも述べましたが、この本を手に取り、この本が読めて理解できるあなたは、貴重な魂であり、宝くじの当選者でもあるのです。

あなたも覚えていないだけで、長い間、キャンセル待ちの列に並び、やっとこの地球、そして日本に転生することができたのです。

このかけがえのない命を与えていただき、この地球で再誕生する機会を与えられた貴重な魂の持ち主である私たち。

だからこそ、今一度、自分の人生と魂と向き合って、再誕生を体験しませんか？

この体験をするために、あえて、今、この地球に生かされているのですから。

おまけのメッセージ

日本伝統技法から学ぶ人間関係修復法

大切な人から傷つけられたり、苦しめられたり、裏切られたりした経験はありませんか？

たとえ相手が傷つけるつもりはないと言っても、傷つけられたと感じてしまう体験をしたことは一度か二度はあるはずです。

そんな時って「ハートが傷つけられた」、つまりブロークンハート（壊れたハート）って表現します。

ただ、この真実を知っている人は多くありません。

実は、あなたのハートは繊細に思えますが、そんなに弱いものではないのです。

あなたのハートが壊れることって絶対にないのです。

では、なぜ、ハートが壊れたって感じるのでしょう？

それは、繊細だと思い込んでいたハートを守っていたエゴがガタガタと崩れるからです。サバイバルのために、今まで必要だったエゴという守りが壊れたら、誰でも怖いって感じますよね。

でも、安心してください。あなたのハートは絶対に壊れません。

その真実に気づくまでは、日本の伝統技法である**『金継ぎ』**を、あなたの傷つけられたと感じるハートにも行ってあげましょう。

『金継ぎ』とは、焼き物などが割れたり、ヒビなどで破損した部分を金の粉で直す修復技法のこと。まさに、ゴールデン・リペア！

これにより、傷つけられたと思い込んだ体験をする前の姿よりも、金のリペアのおかげで、さらに一層輝きを増し、唯一無

二の素晴らしい姿へと生まれ変わることが可能となるのです。

『金継ぎ』とは、壊れたと思ったハートをゴールドの無償の愛で包み込み、修復し、磨き上げるヒーリング技法ともいえますね。

そう考えると、傷つけられた経験も、磨けば磨くほどに、あなたをキラキラと光り輝く新しい姿へと生まれ変わらせる貴重な人生体験なのだと思えませんか？

今後、もしも、傷つけられるような体験をしたら、または、過去のトラウマが蘇ってきた時には、ぜひ、**『ゴールデン・リペア＝金継ぎ技法』**のことを思い出してください。

再誕生ヒーリングでは、ゴールデン・リペアを人間関係の修復で行います。それにより、離婚寸前、また、離婚を決断したカップルを何組も救ってきました。

ゴールデン・リペアで人間関係を修復し、成長し、波動を高めた上で新たな関係が築けるようになったら、スピリチュアル・カップルとして人間関係をも再誕生できますよ。

✦あなたを救う弥勒菩薩
～再誕生ヒーリングとは現代版即身成仏？～

私は2014年の誕生日に高野山へと導(みちび)かれ、奥之院でお百度巡りを行いました。

この場所は、1200年以上も前に、ある偉大なお方が即身成仏を実践したとされるところです。

それは、弘法大師、空海です。

宇宙元旦とも呼ばれ、私の誕生日でもある3月21日に、空海は人間としての最後のお姿をお弟子さんの前にお見せし、即身成仏の儀のためにご入定されたと伝えられています。

即身成仏とは、「仏教において、人間が究極の悟りを開き、肉体のまま仏になること」を意味します。

再誕生ヒーリングとは、ある意味、現代版の即身成仏とも言えるのです。肉体を持ちながら、光り輝く本来の本質、つまり、ライトボディへと活性化していくための技法であり、秘儀です。

空海のお体が祀られる高野山の奥之院では、このような伝え

があります。

釈迦がご入滅後の**56**億**7**千万年後、弥勒菩薩が現れると。

弥勒菩薩とは人々を救済するために現れる未来菩薩のこと。救済とは、不幸な状態から解放し、幸福、さらには生きる意味を与えること。

そして、**567**の数字を見て、何か思いつきませんか？

つまり、**567**（コロナ）の際に、人々を救済されるために弥勒菩薩（みろくぼさつ）が現れる可能性があるのです。そして不思議なことに、日月神示ではなんと、**567をミロク**と読むのだとか。

みなさま、この弥勒菩薩とは、誰だかご存じですか？

それは、**未来のあなたの姿**です。

あなたのことを救済してあげられるのは、あなたです。でも、正確に伝えますと、あなたであって、あなたではない、もう一人の新しいあなた。それは、再誕生していくために必須の、これから目覚めていくもう一人のあなたの存在です。そして、それは、ハイヤーセルフとも呼ばれる高次のあなたがマスターガイドと統合した姿であり、光り輝く本質へと再誕生した未来のあなたなのです。

だからこそ、あなたも早く、光り輝くあなたへと再誕生したくないですか？

もしも、答えが『はい、再誕生したいです！』だとしたら、一緒に**567（コロナ）から369（ミロク）の世界へと再誕生**しましょう。

再誕生ヒーリングを実践したい方はこちらのQRコードからどうぞ。

再誕生ヒーリングは、あなたという貴重な魂を救済するために誕生したヒーリング技法であり秘技なのです。

エピローグ　～再誕生ヒーリングの誕生秘話～

これまでの「土の時代」から「風の時代」を迎え、スピリットが主体となる新しい霊主文明を迎えた21世紀の今。目覚め始めた貴重な魂を救うため、高次元に存在する仙人たち、アセンデッド・マスター（昇天した先代マスター）たちの意識が、地球上に住む私たちに向けて天から届けられています。

冒頭で述べたように、2012年より、新しい時代の幕開けについて宇宙からのメッセンジャーにより告げられておりました。その内容は、当時の私にとっては信じ難い情報でしたので、長い間、自分の胸の内にとどめておきました。

ただ、この情報を世に出しなさいとのメッセージを受け始めたものの、このような内容を伝えたところで、絶対に信じてはもらえないと思っていたのです。次第にそのお告げの声は大きくなり、圧迫感まで感じるほどに膨れ上がってきました。この情報を出しなさいと、急かすハイヤーセルフと、その情報を疑っているもう一人のエゴの自分が葛藤しているのを感じながら生きておりました。

そんな私の背中を押すかのように、宇宙は様々なお膳立てをしてくれるようになったのです。まずは、ヨルダンからイスラ

エルへのピース・キャラバン（世界平和のための巡業）に参加するように導きました。それは2013年のことですが、2年後の2015年に開催されるそのイベントに申し込み、楽しみにしておりました。

その翌年2014年にはエクアドルにて、古代エジプトで金の液体とも呼ばれたフランキンセンスというエッセンシャルオイルを、体内に注入していただく機会を運んでくれました。

その3ヶ月後のことです。自宅の洗濯機から十字架が現れました。これは私のものでも、家族のものでもありません。自宅サロンで働いている私は、常にタオルやシーツを洗濯しているため、クライアントの持ち物だと思っていたのです。ただ、どのクライアントのものでもありませんでした。十字架とはとても聖なる物質なので、紫の小さな巾着袋に入れて保管しておきました。その3ヶ月後に来日を控えていた私は、母に見せようと思い、巾着袋に入れた十字架を日本へと連れてきたのです。

ところが、なんと日本では、その十字架が巾着ごと消えていたのです。カバンとスーツケースをひっくり返して探したものの、見つかりませんでした。ただ、「なくし物と言えば……」と、実家の母が、私が前回の来日の際に忘れていった指輪のことを思い出しました。でも、私は指輪など忘れてはいなかった

ので不審に思っていたところ、私が寝泊まりする部屋の引き出しの中に置いてあったと、『16の菊の御紋』が刻まれている指輪を持ってきたのです。

　これは私のものではありません。シンデレラのガラスの靴を思い出してしまうのですが、その指輪は母の指には大きすぎ、父と弟の指には小さすぎ、私の指にしかピタッとはまらなかったのです。

後で判明したのですが、これは日本製のプラチナの指輪です。なくなった十字架のおかげでいただいた指輪。その時には、これらの貴重な聖なる物質が再誕生ヒーリングで活用される『光のコード』の物質化であることなど、夢にも思っておりませんでした。

不思議なことはそれ以来、猛スピードでやってきました。帰宅後にスーツケースを整理していたら、なんと、なくしたと思った十字架が、来日中に持っていったケースから出てきたのです。なぜか日本では消えていたとしか考えられません。

そして、その6ヶ月後には、なんとヨルダン〜イスラエルのピース・キャラバンの計画そのものがおじゃんになってしまいました。とても残念に思っていたところ、なんと「日本のイスラエルに行きなさい」と声がしたのです。これは私をいまだに導いてくれているマスターガイドの声です。

この突拍子もない命令に驚いたものの、まるで私の指輪が話しかけてくるように、私が行くべき場所を指示してきたのです。それも11日間でこの順番で行くようにと。

この時、私は指輪に向かって、そして私をガイドしてくれているマスターガイドにもお願いをしました。もしも、私に伝えていただいていることが真実であるならば、一般の人たちに目で見てわかるように見せてもらいたいと。私自身もとても疑い

深い性格であるために、目で見て納得できなければ、メッセンジャーとしての私も真実として伝えられないと。

そんな私の願いを宇宙はきちんと受けとめ、目で見える形で届けてくれました。その時に巡業として行かされた場所が京都御所と鞍馬山、P.61でご覧いただいた瑞雲が現れた徳島県の剣山。そこから世界平和のためにお百度巡りをした和歌山県の高野山と、三重県の伊勢神宮でした。これらの場所で、『三種の神器』をいただくことができたのです。もちろん、光のエネルギーとしての『三種の神器』ですが、きちんと目で見える形で見せてくれました。これらの聖地で現れた瑞雲は別本『雲からの伝言』ミロクの旅編（写真集）でご覧いただけます。

なぜ、『ミロク（369＝弥勒）の旅』と名付けたかと言いますと、これもマスターガイドの計らいです。品川駅から京都までの新幹線のチケット番号が、偶然にも、のぞみ3（3桁を合計すると3）、6号車E 9席のE369（望みあるいいミロク）だったから。

偶然とは神が匿名希望で発信するメッセージであることを知っていた私は、自分に起こっている全てのことが高次元からの導きであることを確信したのです。

それ以来、疑うこともなく、日本をはじめアメリカ国内、ギリシャ、イギリス、スペイン、エジプトなどの世界各地の聖地を渡り、令和の時代、「風の時代」、パンデミック以降の新時代をいかに楽に歩むかの『鍵』と『光のコード＝暗号』を受け取ってきました。

ギリシャでは、今度は『16の菊の御紋』の指輪がなくなったのですが、これも私の目の前で空間から現れ床に落ちました。ちょうど指輪がなくなった場所が、もしかするとアトランティスが沈んだ地域ではないかとの研究がされていたようで、その時代の叡智を運んで私の元に戻ってきてくれたのかもしれません。

また、ふと、私の元に届けられた1冊の本。これには、題名も著者も書かれていませんでした。おまけに400ページにもわたるこの本の表紙には、「この本を無断でコピーすることを禁じます」とタイプされておりました。そして、あるページを見た時に、背筋がブルっと震えました。そこには剣山の上に現れた、鶴亀の統べった三角形の画像があったからです。その時に、あの瑞雲が、ピラミディオン（ピラミッドヘッド）であることが判明いたしました。また、その題名のない本を読み終えてわかったことは、内容から把握して、エジプト版の密教＝神秘伝。

「生きながらに死ぬ智慧」、これは空海の名で知られる弘法大使が唱えていた般若心経の教えでもあります。

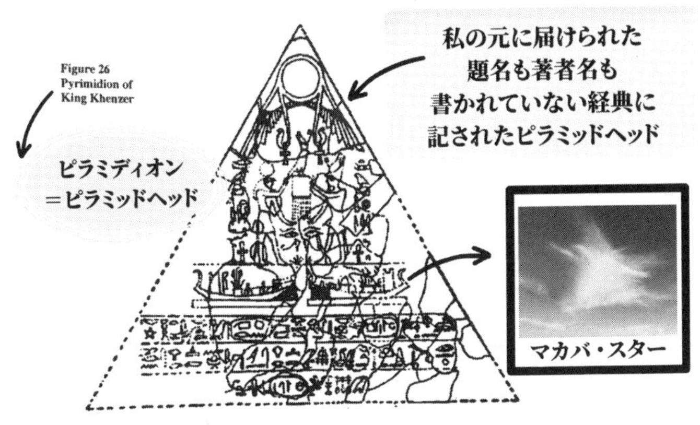

ピラミディオン（＝ピラミッド・ヘッド）

この謎めいた経典によると、上のピラミディオンはピラミッドヘッドであり、この中には御神体が宿っていると。そして、このピラミッドヘッドは、P.61でも紹介した剣山の頂上に現れた鶴亀融合の瑞雲＝マカバ・スターであるというのです。

そして、この経典が届いた後、2020年2月、太陽神の誕生を祝う太陽祭に参加するためにエジプトに導かれました。2月29日の閏日、宇宙はエジプトのギザの大ピラミッドの中で瞑

想する機会を与えてくれました。

同日、エジプトのスフィンクスの前で光のコードを受け取り、そのコードをレムリアの叡智が受け継がれ、実践されている**ある場所**に届けるために、レムリアンシード・クリスタルと水晶を使って訪れるという使命を受けました。

それは、ちょうど、パンデミックのロックダウンが始まる直前のこと。

そこに、エジプトから私が届ける光のコードを待っている神官がいらっしゃるとのこと。

写真の小さなクリスタルを第３の眼に乗せ、その場所の神官に光のコードをお渡しするという役目を果たしました。ただ、そこから戻ってきて気づいたのですが、そのクリスタルの中に、それまでは入っていなかった塊のようなもの入っているのです。

その写真を撮ろうと思い、撮影したのがこの写真。それから１ヶ月後に判明したのですが、なんと、そのクリスタルには、ガイコツの顔が。しかも、右目がピラミッド、左目が星形正四面体（スター・テトラヒドロン＝マカバ）の形をしております。

おまけに、この場所でお会いした神官のお姿まで写っているのです。

（この詳細は、導かれた方にのみ伝授される神秘伝靈氣のクラスで紹介いたします）

この、**ある場所**とは、この地球上には存在しません。

このクリスタルからのメッセージ。それは、この新時代を歩むため、そして、地球人だけに止まらず、この地球をも愛と平和で満たすために必要な叡智を、神官がこのクリスタルの中に籠めて、ギフトとして届けてくれたと受け止めております。

このギフトを上手く活用し、実践することで、愛と平和で満たされる新時代が蘇ってくることが約束されています。

ちなみに、この新時代とは、戦争が全くなく、平和な時代が一万年も続いたとも言われる縄文時代のようなもの。縄文時代はレムリアの叡智が受け継がれていたと言われております。

エジプトからの光のコードとレムリアの叡智が融合したことで活性化され、アップグレードされた新時代を歩むための叡智とヒーリングの鍵。

数年にわたるこれらの一連の奇跡体験で書き留めた内容をもとに、「風の時代」に切り替わり、エネルギーがリセットされたパンデミックのタイミングで世に出たのが「再誕生ヒーリング」です。おまけに、この使命を果たした直後に、宇宙はこの本を出版する機会を与えてくれました。

再誕生ヒーリングとは、宇宙からの無限大の愛と光が込められた贈り物であり、「風の時代」に目覚め、魂として再誕生し、魂主体の人生を歩み出す貴重なあなたのための道標。

あなたの人生で、そして、この地球で、どんなことがあろうとも、全てはあなたと地球の再誕生のための宇宙の計画通り。

再誕生ヒーリングで、新たな歩み方の道標を学び、光の暗号とコードを受け取り実践すれば、絶対に守られ、導かれ、支えられ、愛されながら、本来の光り輝く魂へと再誕生できますよ。

カゴメ歌の暗号、それは『再誕生ヒーリングの鍵』です。

♫カゴメ、カゴメ、カゴの中の鳥は
いついつ出やる
夜明けの晩に鶴と亀が統べった
後ろの正面、誰？♪

カゴの中の鳥とは、あなたの中に眠っていたダイアモンドの原石。

その鳥が目覚めて出てこられるのは「夜明けの晩」……、意味不明のこの表現、夜だか朝だかわからない曖昧の時期。

それは、どれが正しくてどれが間違っているのかわからずに、途方に暮れている567（コロナ）のパンデミック、つまり、さなぎの中で再誕生の瞬間を待っている自粛期間。

この期間に、鶴（アルパ）と亀（オメガ）が統合すること

で磨かれて現れる、潜在意識の「裏の正面」に存在する弥勒(369)の存在。

それは未来菩薩。あなたの中に内在する未来の菩薩。

これこそが『再誕生していくあなたの将来の光り輝く本来の姿』です。あなたの中にも眠っているダイアモンドの原石。その原石を磨いて再誕生し、キラキラと光り輝く人生を送りましょう。

再誕生の準備ができましたら、ぜひ、ご連絡くださいませ。スピリチュアル・ドゥーラとして、あなたの再誕生のサポートをさせていただきます。

あなたも再誕生しながら、新時代の扉を一緒に開けていきませんか？

あなたの人生、あなたの魂、そして新しく生まれ変わろうとしている地球のためにも。

愛と光と祈りを込めて……

ヒロコ・ヒバード

✦再誕生のための助産師 =スピリチュアル・ドゥーラ

何事も《種》のないところでは何も生まれませんし、育ちません。

あなたの人生には、どんな種を植えたいですか？

光り輝く本質へと目覚めて再誕生した後に、どのような華を咲かせたいですか？

再誕生のためのライトワーカー（＝光の仕事人）がどんどんこの地球上に現れております。ライトワーカーとは闇の時代に光を届け、光を与える役目を持つ魂です。

If your Vision is for one year, Plant Wheat
あなたのビジョンが１年ならば、小麦の種を植えよう

If your Vision is for ten years, Plant Trees
あなたのビジョンが10年ならば、木を植えよう

If your Vision is for a Lifetime, Plant People
あなたのビジョンが一生ならば、人を育てる種を植えよう

If your Vision is for the AGES, Plant Healers
あなたのビジョンが時代ならば、ヒーラーを育てる種を植えよう

「風の時代」に光を届けるお導きと使命がありましたら、ミッドライフ・リニューアルのための再誕生ヒーリング・セッションを施すスピリチュアル・ドゥーラ（再誕生のお手伝いをする助産師）となり、再誕生ヒーラーとして活躍していただける機会もございます。

あなたがご自身の再誕生を体験した後に、問いかけて下さい。

再誕生ヒーリング養成講座では、スピリチュアル・リーディング、ヒーリングとコーチングを学んでいただけます。再誕生ヒーリング養成講座にご興味のある方はこちらをご覧ください。

おまけのメッセージ

オメガ(亀)とアルパ(鶴)が統合された瑞雲の回答

P.61で紹介した瑞雲ですが、亀と鶴、オメガとアルパは見つけられましたか？

亀さんにはお顔があり、こちらを向いています。

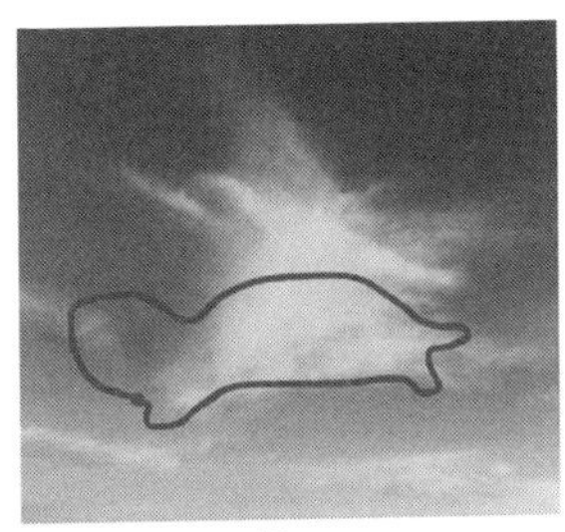

亀

鶴

オメガ＝終焉

アルパ＝始まり

著者プロフィール

ヒロコ・ヒバード（HIROKO HIBBARD）

ヒーリング波動の創立者、再誕生ヒーラー
スピリチュアル・ヒーリング歴、二十数年。25000件以上のセッションの実績をもつアメリカ在住歴、三十年以上、東京生まれのアメリカ人。
長年、セラピーやカウンセリングに通院しても変わらなかったクライアントたちを、たった3回の魔法のセッションで目覚めさせ、再誕生させる現代版錬金術師。
肉体面～感情面～精神面～霊性面～環境面の全てにおいてバランス、調和と癒しをもたらすために、スピリチュアリティと癒しのスキルにスピリチュアル・コーチングの知識を統合させた、ヒーリング・メソッド『再誕生ヒーリング』のクリエーターでもある。
これからの新時代に体験する「再誕生」に必要な、スピリチュアル助産婦＝スピリチュアル・ドゥーラとして、光り輝く本来の姿を目覚めさせる再誕生ヒーリングのセッション、そして養成講座を提供している。

HP:www.HealingHado.com
Instagram:https://www.instagram.com/healinghadojapan
facebook:https://www.facebook.com/hiroko.hibbard

本文デザイン・DTP／白石知美・安田浩也（システムタンク）
装丁／冨澤崇（EBranch）
校正／あきやま貴子・伊能朋子
編集／小田実紀

再誕生ヒーリング

初版1刷発行 ● 2023年10月23日

著者

ヒロコ・ヒバード

発行者

小川 泰史

発行所

株式会社Clover出版
〒101-0051 東京都千代田区神田神保町3丁目27番地8 三輪ビル5階
Tel.03(6910)0605 Fax.03(6910)0606 http://cloverpub.jp

印刷所

日本ハイコム株式会社

ISBN 978-4-86734-179-7 C0011